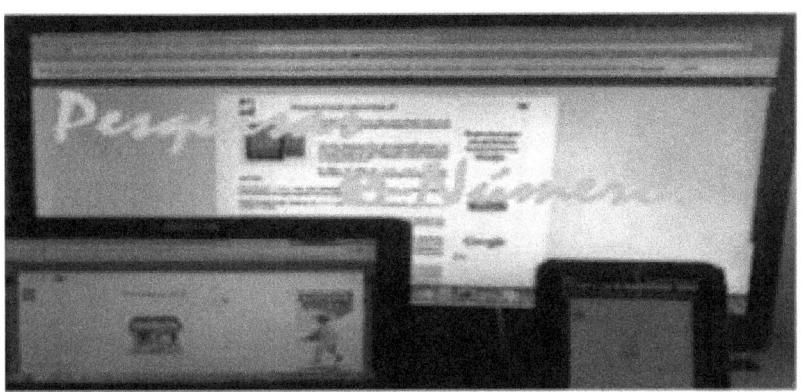

Romeu Friedlaender Jr
2014

5 anos do Pesquisas e-Números - Empreendedorismo

O surgimento do Blog

Era maio de 2009, acompanhando algumas noticias na midia percebi que sempre divulgam pesquisas e números sobre os mais diversos assuntos, mas geralmente as analises e comentários sobre essas pesquisas eram fracos, superficiais.

Decidi trocar ideias com o proprietário de um importante jornal da capital paranaense para encontrar formas de melhorar essa analise das pesquisas, números e estatísticas que surgem na midia a todo instante. A primeira ideia seria de criar uma coluna semanal comentando sobre pesquisas, mas logo surge a alternativa de criar um blog, para usar a forca da midia digital e ampliar o alcance dessas analises. Fomos conversar com a equipe de jornalismo desse jornal, que gostou da ideia, mas acabou nao levando adiante, mas o principal já tinha sido criado, a ideia do blog sobre pesquisas e números.

Com muitas opções gratuitas de hospedagem de blogs, iniciei o blog Pesquisas e Números no dia 7 de maio de

5 anos do Pesquisas e-Números - Empreendedorismo

2009, na plataforma Blogger, com o blogspot. Mais tarde comprei o domínio www.pesquisasenumeros.com que continua usando a plataforma e todos os serviços oferecidos pelo Blogger, que comecei a conhecer, entender e gostar da facilidade de blogar com ele.

Desde entao já foram quase 500 textos, que ajudaram o blog a receber centenas de milhares de visitas, inúmeros comentários, curtidas, compartilhamentos nas redes sociais e fontes para outras matérias em outros veículos de comunicação, inclusive blogs, sobre os comentários e analises que fizemos em todo esse tempo no Pesquisas e-Números.

Pelo numero de textos resolvi dividir em 4 assuntos, colocando em 4 livros os assuntos relativos ao Cotidiano, ao Ecommerce, a Comunicação Social e ao Empreendedorismo, com pesquisas, números e dados estatísticos analisados e comentados nesses 5 anos do blog.

Esse livro trata de Empreendedorismo, onde coloquei os textos que falaram sobre Empreendedorismo, Relações de Trabalho, Canal Executivo e GEM.

Empreendedorismo, Relações de Trabalho, Canal Executivo e GEM

Neste livro vamos rever os textos que abordaram os tópicos sobre Empreendedorismo, Relações de Trabalho, Canal Executivo e a pesquisa internacional sobre empreendedorismo, GEM – Global Entrepreneurship Monitor.

Sobre empreendedorismo tem textos relacionando o tema com inovação, com a tarefa de abrir uma empresa no Brasil, o papel das mães, das mulheres, dos desejos, da maluquice do empreendedor, além de falarmos do e-empreendedor.

As relações de trabalho são importantes, já que na maioria das vezes o empreendedor precisa contratar funcionários para colaborar e principalmente ajudar no empreendimento, por isso assuntos relacionando o tempo de trabalho com a soneca, folgas e feriados, a força e influência feminina, a importância econômica dos Estados Unidos na nossa economia, a alimentação fora de casa, o que as crianças querem ser no futuro, bem como a aposentadoria no final de carreira, além do humor do chefe, da autonomia, comprometimento, honestidade, ética e qualificação dos funcionários, o que acontece quando chove, o stress no trabalho, a validade do trabalho em casa e até mesmo a presença de cachorro no ambiente de trabalho são tratados nessa parte do livro.

No canal executivo os textos falam sobre o pensamento dos executivos nas suas empresas, a forma como se comunicam e fazem contato com seus colaboradores bem como tratar com a quantidade de informação que é cada vez maior nos dias de hoje.

A pesquisa GEM – Global Entrepreneurship Monitor, é o maior estudo anual sobre a realidade empreendedora no mundo, tratado no blog mostrando o papel do empreendedor no desenvolvimento econômico, mostrando quem é o empreendedor brasileiro e o papel e força da mulher empreendedora no país.

Enfim, todos esses assuntos mostram a realidade de pesquisas e números sobre empreendedorismo nesses cinco anos do blog, e a maioria das idéias e análises continua atual.

Conteúdo

9

5 anos do Pesquisas e-Números - Empreendedorismo

Empreendedorismo

Empreendedorismo e Inovação

Empreender no dicionário significa realizar, tentar, pôr em execução alguma idéia. O empreendedorismo é o ato de empreender, no sentido econômico, realizar, colocar em prática alguma idéia para buscar melhorias econômicas.

Inovar no dicionário quer dizer tornar novo, introduzir uma novidade. A inovação é o ato de criar algo novo, ou de fazer a mesma coisa num novo formato.

O empreendedor e o inovador são personagens importantes no desenvolvimento econômico dos países.

A economia, para crescer e gerar mais empregos, precisa de mudanças no ciclo econômico. Se todos fazem a mesma coisa, compram os mesmos produtos e têm os mesmos hábitos por anos seguidos, a economia fica estagnada, não mexe, não cresce nem diminui, não se desenvolve.

5 anos do Pesquisas e-Números - Empreendedorismo

O inovador é aquela pessoa que pensa, que descobre algum produto ou serviço novo, ou mesmo uma nova forma de apresentar um produto antigo. O surgimento da inovação mexe com a economia, pois é algo novo no mercado, quantos consumidores irão alterar seus hábitos para adquirir essa novidade, qual o sucesso que a inovação terá. Essas dúvidas acompanham toda inovação, mas não impedem seu surgimento.

O empreendedor coloca em ação alguma idéia, geralmente transformando-a num empreendimento novo, criando pelo menos um novo emprego, o seu próprio, e ampliando o número de empresas, oferecendo novas opções ao mercado.

As figuras do inovador e do empreendedor melhoram a dinâmica econômica, fazem girar o ciclo da economia, oferecendo novos produtos, novos serviços, novos empregos, novas oportunidades para as pessoas.

O Brasil, através do IBQP (Instituto Brasileiro de Qualidade e Produtividade) participa do GEM(Global Entrepreneurship Monitor), onde é monitorado o nível de empreendedorismo entre a população brasileira. Os brasileiros são um povo empreendedor, estão sempre no primeiro terço dos países com população mais empreendedora entre todos os países analisados.

Mas, através de um estudo do IPEA baseado em dados Pintec/IBGE, o Brasil não pode ser considerado como um país inovador. Apenas 1,7% das indústrias nacionais inovam e diferenciam produtos, ou seja, a grande maioria dos empreendimentos brasileiros não cria e não fazem uso de novas tecnologias em seus produtos e processos.

O Brasil é um país de população empreendedora, mas não inovadora. O nível de empreendedorismo é bom para o crescimento econômico do país, mas, por outro lado, o nível de inovação está baixo, não acompanha o esforço empreendedor do brasileiro. Quando formos um país que empreende e que inova, estaremos alinhados rumo ao crescimento econômico sustentável, melhorando as condições de vida da nossa população.

Texto de mai/10

Abrir uma empresa no Brasil, tarefa difícil

Essa semana está tendo no mundo inteiro a 3ª Semana Global de Empreendedorismo, vamos falar um pouco da facilidade, ou dificuldade, de empreender no nosso país.

O Banco Mundial elaborou um ranking levando em consideração o tempo que um estrangeiro leva para abrir uma empresa em 87 países analisados.

O Brasil ficou na 4ª colocação, como mais demorado, ou seja, significa que somos o 84º país mais rápido para um estrangeiro iniciar um negócio. São necessários 166 dias desde o início até que o estrangeiro consiga estar com sua empresa funcionando no Brasil. Pior que aqui, apenas a Venezuela (179 dias), Haiti (212) e Angola (263), entre os 87 países estudados. Em compensação, em apenas 4 dias é possível estar com a empresa funcionando na Geórgia e em Ruanda, no Canadá em 6 dias, no Afeganistão 7, e 11 dias nos Estados Unidos.

Podemos dizer que as legislações dos países dificultam a abertura e controle dos negócios por cidadãos de outros países, que é o que ocorre no Brasil em alguns setores considerados estratégicos da economia. Mas, para um cidadão do próprio país abrir uma empresa o processo deve ser mais rápido, não?

No caso brasileiro é mais rápido sim, 120 dias em média, conforme estudo realizado pelo Banco Mundial e comentado no blog ano passado. Neste quesito estamos melhores e mais ágeis que a Venezuela (141 dias), Haiti

(195), e somos um paraíso se compararmos com os 694 dias em Suriname. Mas ainda é bastante tempo.

Vamos considerar que a pessoa que pensa em abrir um negócio precisa de dinheiro para investir e também se manter no começo enquanto seu empreendimento ainda não estiver rendendo. No caso de levar 120 dias até a empresa estar funcionando, aumenta em 4 meses o tempo que a pessoa precisa ter de dinheiro para se manter antes de começar a funcionar a sua atividade. A tarefa é difícil!

Apesar de todas essas dificuldades no caminho de quem quer abrir o seu próprio negócio, o brasileiro é um povo empreendedor, 15% dos cidadãos em idade adulta estavam a frente de alguma atividade empreendedora em 2009, segundo a última pesquisa do GEM, Global Entrepreneurship Monitor, realizada no Brasil pelo IBQP, Instituto Brasileiro da Qualidade e Produtividade.

Nos últimos anos tem havido esforços para facilitar e até mesmo fomentar a atividade empreendedora no país, porque essa é uma das formas que a economia nacional se fortalece, gerando mais empregos e renda para o brasileiro.

Esperamos que cada vez mais a abertura de empresas seja um processo ágil no Brasil, essa agilidade é importante para a dinâmica da economia nacional.

Texto de nov/10

Mãe Empreendedora

Temos acompanhando no Pesquisas e Números a força das mulheres, como chefas, empreendedoras, trabalhadoras, com melhor memória, mais organizadas e na função de mãe com mais responsabilidades e capacidades, mas nem sempre sendo reconhecidas por isso.

Como as empresas não reconhecem a mulher mãe como uma trabalhadora comprometida e responsável, uma das opções para a mãe profissionalmente continuar ativa é empreender, abrir e gerir o seu próprio negócio. Assim surgem as "Mompreneurs", termo em inglês para definir as mães empreendedoras.

Para provar a capacidade e o sucesso das mães empreendedoras foi feito um estudo pela ONG Center for Women's Business Research. Outro estudo nessa área vem de outra ONG americana, National Association for

Moms in Business, que concluiu que há 15 milhões de empresárias nos Estados Unidos, sendo 44% mães com filhos de até 18 anos, ou seja, significa que existem 7 milhões de mães empreendedoras nos Estados Unidos.

Fazendo essa mesma conta para as mães brasileiras, dum universo de 18,8 milhões de empreendedores, segundo a última pesquisa GEM, 53% são mulheres, 10 milhões de empreendedoras, considerando que metade delas são mães, estamos falando em 5 milhões de mães brasileiras empreendedoras.

Uma pesquisa britânica, feita pela Yellow Pages, com as mães empreendedoras daquele país, mostra que a idéia de abertura de um negócio próprio veio na gravidez, ou antes da criança completar o seu primeiro aniversário. As habilidades que as mães adquirem com a maternidade são fundamentais para o sucesso dos negócios, na opinião da imensa maioria das mães empreendedoras (92%).

Para a flexibilização dos seus horários e melhor aproveitamento do seu dia, a internet é fundamental para 51% das "Mompreneurs", já que 59% estão trabalhando entre as 21 e 24h e a internet é sua principal ferramenta de trabalho.

Dessa forma a mulher acrescenta mais um papel às suas funções diárias, além de mulher e mãe, ela é empreendedora, aproveitando profissionalmente as habilidades que naturalmente possui.

Texto de nov/10

Como está o sudeste

O mapa dos principais negócios e alguns números para fazer negócios nas 5 regiões brasileiras foi elaborado e publicado na revista Exame PME.

A principal região brasileira é a sudeste, que responde por 56% do PIB brasileiro. São Paulo responde por 58% do PIB da região, Rio de Janeiro por 21%, Minas Gerais 17% e o Espírito Santo 4%.

Os números da reportagem são muito interessantes, consegue-se saber informações da região, e de cada estado, sobre o Varejo, Emprego e Renda, Logística, Custos para abertura de uma empresa, Salários, Energia e Informações de Infraestrutura e Serviços Básicos.

A renda média da região é de R$875, sendo que os homens ganham mais, R$1142, contra R$832 das mulheres.

Para abrir uma empresa em São Paulo o empreendedor irá gastar R$1.711, enquanto em Minas Gerais este valor quase dobra, chegando a R$3.249.

Energia elétrica chega a praticamente todas as residências da região, em 96,5% dos lares paulistas há água encanada, mais que os 82,7% do Espírito Santo. A coleta de lixo passa em 98,5% das casas paulistas e 86,1% do Espírito Santo. No saneamento básico acontece a mesma coisa, São Paulo é o estado com maior índice de esgoto, 88,4%, enquanto no Espírito Santo está presente em 61,4% das residências.

Todos os estados e regiões brasileiras estão nessa reportagem, vale a pena acessar para conhecer e pesquisar quando for precisar elaborar qualquer planejamento. Clique aqui e veja a matéria publicada na íntegra.

Texto de mar/11

O que o empreendedor deseja?

Para responder essa questão foram entrevistados 501 pequenos empresários entre 20 e 28 de janeiro de 2011, nos Estados Unidos, pela Wakefield Search para elaborar o "Brother Small Business Survey".

Mais dinheiro no bolso ou mais tempo livre, para 30% dos pequenos empresários americanos é melhor ter mais tempo livre que aumentar o saldo bancário. É um problema para o pequeno empresário, 79% afirmaram que precisam gerenciar melhor o seu tempo, 67% gostariam de se organizar melhor esse ano. Estes fatores podem ser a causa de 52% se considerarem mais estressados que o normal.

As pessoas empreendedoras gostam de sua condição profissional pela velocidade na tomada de decisões. 83% citaram a rapidez na implementação de decisões importantes sobre a gestão do negócio e 84% a rápida resposta à demanda dos consumidores como os maiores benefícios de ser empreendedor de pequena empresa.

Apesar da pesquisa ter sido realizada nos Estados Unidos, com os pequenos empresários americanos, acredito que no Brasil os números seriam parecidos, seguiriam a mesma tendência.

O planejamento é essencial para o sucesso dos negócios, não importando o tamanho da empresa. A falta de planejamento faz com que o tempo fique curto e as respostas para atender as demandas dos consumidores seja mais lenta que o esperado, prejudicando a saúde e aumentando o nível de stress dos empreendedores.

Texto de mar/11

9 casos de empreendedores na América Latina

Saiu este ano uma publicação sobre 9 casos de empreendedores de sucesso na América Latina, da FUNDES.

Neste livro tem 9 histórias de empreendedores latinoamericanos que iniciaram suas empresas tendo trabalhado em outra micro ou pequena empresa anteriormente.

São empreendedores do México, Bolívia, Argentina, Chile, Colômbia, Costa Rica, Peru, Venezuela e Brasil. O caso brasileiro está escrito a partir da página 54, tendo sido escrito com autoria de Romeu Friedlaender Junior, Joana Paula Machado e Simara Greco.

Vale a pena visitar e conhecer a história, alguns números sobre estes empreendedores.

Texto de jun/11

A maluquice de empreender

O brasileiro é empreendedor, conforme as pesquisas do GEM, Global Entrepreneurship Monitor, tem constatado ano após ano, em trabalho realizado pelo IBQP.

O psiquiatra americano John Gartner, da John Hopkins Medical School, concluiu que os empreendedores, especialmente da área tecnológica, tem uma disfunção psiquiátrica que atende pelo nome de Hipomania. Gartner avaliou que a probabilidade de que muitos empreendedores serem hipomaníaco existe, traçando algumas características comuns entre o empreendedor e o hipomaníaco como serem cheios de energia, as idéias estarem transbordando, se arriscam, são ficados, incansáveis e eufóricos, citando apenas algumas características comuns.

Isto não quer dizer que o empreendedor seja maluco a ponto de se considerar um Deus, mas pode-se dizer que se considera um presente de Deus, pelo menos os da área tecnológica.

Lembrando a própria pesquisa GEM, que apesar de somos empreendedores, os empreendimentos que são criados não são inovadores, a maioria dos brasileiros abre negócios enfrentando muitos concorrentes e com produtos já conhecidos dos seus consumidores, aproveitando o dinamismo do nosso mercado interno.

Analisando as considerações do psiquiatra americano, o empreendedor hipomaníaco seria o que mais inova em seus negócios, com isso como poderíamos caracterizar o empreendedor brasileiro, tem Hipomania, ou não?

Pela dificuldade em abrir uma empresa em nosso país, como já vimos por aqui, pelos problemas que o brasileiro tem que enfrentar no seu dia a dia, e mesmo assim sermos um dos povos mais empreendedores do mundo eu posso afirmar que o empreendedor nacional não é uma pessoa normal.

5 anos do Pesquisas e-Números - Empreendedorismo

Ainda bem que temos tantos empreendedores no Brasil, que fazem com que nossa economia continue pujante e forte, o que menos importa é o seu estado psíquico, mas sim as suas atitudes, atividades e aspirações empreendedoras em prol do nosso país.

Texto de jun/11

Onde vai o dinheiro das loja virtuais

Uma das frases que mais ouvimos sobre loja virtual é sobre a facilidade de abrir uma loja na internet, você abre sem dinheiro, as pessoas entram na internet e começam a comprar um monte de produtos deixando você rico rapidinho. Uma moleza.

Não existe ganho fácil, se quiser ganhar tem que batalhar, tem que trabalhar para que isso aconteça, na internet a mesma coisa, não basta abrir um site e esperar o publico visitar e começar a comprar. Se abrir uma loja na rua, sempre vai ter gente passando em frente que você pode convencer a entrar e pelo menos ver o que está vendendo. Como fazer isso na internet, como vai fazer a pessoa acessar a loja, e comprar?

Em pesquisa publicada no EcommerceNews com 201 lojas virtuais mostra o custo e investimento das lojas virtuais no Brasil, onde podemos destacar:

- Frete: mais de 20% das lojas gastam aproximadamante 10% de seu faturamento com a entrega das mercadorias, enquanto 24% das lojas dispendem entre 5 e 10% com esse custo. Lembrando que pelo correio brasileiro o menor valor para envio de mercadorias fica em torno de R$10, o que torna caro se a mercadoria for de valor inferior a R$50, pois o custo deste produto sobe a pelo menos R$60.

- Atendimento ao cliente: 46% das lojas gastam 2% de sua verba nesse quesito, que, diferente da loja física que tem o atendimento do vendedor, na loja virtual o atendimento fica ainda mais importante, pelo bom e correto uso das palavras e agilidade em responder o consumidor.

- Análise de risco e fraudes: apesar de não existir o risco do "cheque sem fundos" o lojista virtual sofre com fraudes, como cartões de crédito clonados e roubados. Esse item representa pelo menos 2% da verba para 55% das lojas pesquisadas.

- Marketing: a principal maneira de trazer público para a loja, tem que avisar a internet que sua loja existe e está disponível na rede. 22% das lojas investem pelo menos 10% de seu faturamento em marketing, enquanto 29% investem entre 5 e 10%.

Vamos somar esses itens, 10% em frete, 2% em atendimento ao cliente, 2% em análise de risco e fraudes, 10% em marketing, chegamos a 24%, ou seja, 1/4 do faturamento de pelo menos 20% das lojas virtuais brasileiras é reinvestido na própria operação da loja.

Abrir uma loja virtual não é tão simples, dificilmente vai trazer dinheiro fácil, tem que trabalhar como em todo empreendimento para poder ver os resultados.

Texto de fev/14

Relações de Trabalho

Quem quer ser professor?

Os alunos brasileiros fazem o ENEM (Exame Nacional do Ensino Médio), que funciona como uma avaliação do nível de ensino no país e pode significar a entrada do estudante na faculdade.

Podemos dizer então que uma das funções do ENEM é abrir as portas ao estudante para o seu futuro, para ajudar a estudar no ensino superior o curso que lhe dê uma profissão para a sua vida.

O Boletim de Estudos Educacionais do Inep, divulgado em setembro de 2009, faz uma pergunta, sobre qual profissão o aluno que está fazendo o ENEM gostaria de seguir, e fornece 7 opções de respostas, sendo uma das opções "Professor de Ensino Fundamental e Médio". Entre os jovens de 17 a 20 anos que fizeram o ENEM em 2007, 25% ainda não tinham escolhido a profissão, enquanto a resposta de 5,2% deles foi na opção "Professor de Ensino Fundamental e Médio".

Considerando entre os 75% que optaram por uma profissão, 6,69% é a probabilidade de seguir a carreira no magistério, sendo que entre as mulheres essa probabilidade é de 7,21% e entre os homens de 5,60%. O Boletim de Estudos Educacionais do Inep concluiu que o perfil de quem pretende ser professor pertence ao sexo feminino, estudou sempre em escola pública, tem renda familiar de até dois salários mínimos, a mãe nunca estudou e tirou uma nota abaixo de 20 no ENEM (numa escala de 0 a 100).

O MEC (Ministério da Educação) está veiculando na televisão o vídeo a seguir, uma propaganda sobre a importância que vários países dão ao professor.

Na Finlândia um professor é recrutado entre os 10% dos melhores alunos graduados, na Coréia do Sul este índice é de 5%, e a média do Programme for International Student Assessment (Pisa) da Organização para a Cooperação e Desenvolvimento Econômico (OCDE) é da escolha do professor entre os 30% melhores graduados.

Nesse blog alguns posts têm destacado a importância da educação na formação do cidadão brasileiro, e a falta de motivação de alunos e professores no sistema educacional. Com esses dados vemos que a valorização do professor é um dos itens fundamentais para a melhora do sistema, e nesse item o Brasil está na contramão de outros países, infelizmente.

Texto de set/09

Folga ? Não é bem assim

Pesquisa realizada pela consultoria Mercer em 41 países, publicada na newsletter da Revista Amanhã, analisa os dias de folga e o tempo dedicado ao trabalho nesses países.

Entre as maiores economias do mundo (o Brasil é a 8ª) o trabalhador brasileiro é o que fica mais dias sem trabalhar no ano, 41 dias. Nessa conta entram férias, dias santos e feriados. No nosso país temos 30 dias de férias e 11 feriados ao longo do ano. A Lituânia tem os mesmos 41 dias de folga e empata conosco na liderança deste ranking. (Lituânia é a 72ª maior economia do mundo).

A França (5ª economia) é a segunda colocada neste ranking, com 40 dias de folga por ano, mas trabalha-se apenas 35 horas por semana.

O Canadá (11ª economia) é o país onde o trabalhador tem menos dias de folga no ano, apenas 19.

Na Noruega (24ª economia) um pai recebe licença paternidade de 2 meses e a mãe fica 12 meses sem trabalhar, recebendo salários nesse período.

O Japão (2ª economia) é o campeão no número de feriados, são 16 ao ano. No Brasil são 11, nos deixando na 6ª posição nesse ranking.

Fazendo uma conta rápida, 8 horas de trabalho por dia no Brasil, 365 dias no ano menos os 41 de folga, temos 324 dias. Agora vamos tirar os sábados e domingos desta conta, são 52 sábados e 52 domingos por ano, mas nos 41 dias de folga são 12 sábados e domingos a menos, vamos diminuir 92 dias (52 sábados + 52 domingos − 12 dias entre os 41 de folga). Assim temos 232 dias de trabalho no ano, multiplicamos por 8 horas diárias, chegamos a 1.856 horas de trabalho no Brasil durante o ano.

Agora vamos fazer essa mesma conta para os franceses: 365 dias menos os 40 de folga, são 325 dias, diminuindo os mesmos 92 dias que descontamos no caso brasileiro, temos 233 dias, que multiplicamos por 7 horas diárias de trabalho (35 horas semanais divididos por 5 dias úteis), chegamos a 1.631 horas trabalhadas pelos franceses durante o ano. Na França trabalha-se 225 horas a menos que no Brasil, em média.

A ótica da pesquisa é interessante, por termos mais dias de folga durante o ano, passa a impressão que o trabalhador brasileiro é o mais folgado, sendo que na verdade, com essa continha simples comparando o Brasil com a França, vemos que o trabalhador no Brasil é um dos que mais tempo trabalha no mundo.

Texto de out/09

A força das mulheres

Hoje, em matéria do Bom dia Brasil, da Rede Globo de televisão, a força das mulheres foi mostrada em números. Nos Estados Unidos elas já são maioria dos estudantes nas universidades, em 2009 se tornaram maioria no mercado de trabalho americano também.

No livro Women Want More (as mulheres querem mais), de autoria de Michael J. Silverstein e Kate Sayre, foi divulgada uma pesquisa feita pelo BCG (Boston Consulting Group) com 12 mil mulheres em 22 países.

5 anos do Pesquisas e-Números - Empreendedorismo

Através desta pesquisa os autores concluem que elas privilegiam os valores humanos e têm objetivos sublimes. As coisas mais importantes são o amor (para 77% das entrevistadas), a saúde (58%), a honestidade (51%) e o bem estar emocional (48%). Elas são responsáveis por 60% do consumo mundial.

Nos Estados Unidos elas já são donas ou sócias de 40% das empresas, representam 57% dos formandos em suas universidades. As empresas controladas por mulheres estão crescendo o dobro em relação às empresas dos Estados Unidos em geral, e mais rápido que as empresas controladas por homens.

No Brasil a participação das mulheres no mercado de trabalho cresceu 42%, entre 1998 e 2008, segundo a **Síntese de Indicadores Sociais do Instituto Brasileiro de Geografia e Estatística (IBGE)**. São 68,6% dos homens com idade superior aos 10 anos de idade que trabalham no Brasil, enquanto entre as mulheres esse índice é de 47,2%. Isso quer dizer que 42,6% dos trabalhadores brasileiros pertencem ao sexo feminino. A escolaridade das mulheres que trabalham é superior à dos homens (9,2 anos de estudo contra 8,2), mas em termos salariais recebem em média 34% menos que os homens.

As mulheres estão cada vez mais influentes na economia mundial, sua importância vai além da conquista de espaços no mercado de trabalho através de sua capacidade. Atenção e respeito às mulheres é fundamental para quem quer atender bem o seu consumidor.

Texto de out/09

O Brasil e o desemprego nos Estados Unidos

A crise econômica tem feito estragos na economia mundial, tendo trocado governo no Japão, diminuído a popularidade do presidente francês e a confiabilidade da imprensa nos Estados Unidos.

O desemprego nos Estados Unidos está acima da média histórica e a geração chamada de Facebook (americanos jovens universitários e recém formados) é a que está sofrendo mais com a falta de oportunidades de emprego. Em setembro de 2009, apenas 46% dos americanos com idade inferior a 24 anos estavam empregados, é o pior índice desde que os americanos começaram a fazer esse cálculo, em 1948.

Antes da crise a taxa de desemprego de quem possuía diploma universitário era de 2,6%, agora, ela é de 18% para quem tem até 24 anos e 11% entre os que têm entre 25 e 29 anos de idade. Segundo a NACE (National Association of Colleges and Employers), entre os que concluiram a faculdade em 2008, apenas 20% conseguiram emprego em tempo integral e na sua área de formação.

Se você analisar a cidade de Bismarck (North Dakota) vai se surpreender com a baixa taxa de desemprego lá, que foi de 2,9% no mês passado. Em compensação vai se assustar com o índiceem El Centro, Calif, perto da fronteira mexicana, que foi de 30,1% em setembro de 2009.

Este não é um problema que afeta apenas o cidadão americano. Os Estados Unidos, em 2008, exportaram U$1.300.500 milhões (8,1% das exportações mundiais no ano) e importaram U$ 2.166.000 milhões (13,2% das importações mundiais). A crise econômica, afetando os americanos, afeta também o comércio internacional, já que 13,2% das vendas mundiais no mundo vão para o país e 8,1% das compras feitas pelos países do mundo são originárias de empresas instaladas em território americano.

Vamos analisar a relação de comércio internacional entre o Brasil e os Estados Unidos. Em 2008 o país exportou U$27.423 milhões (13,85% das exportações brasileiras) e importou dos americanos U$ 25.627 milhões (14,8% do total importado pelo Brasil no ano). Nossas relações comerciais com eles são responsáveis por 14,29% de nosso comércio internacional.

O comércio exterior brasileiro em 2008 representou 23,59% do PIB nacional. Destes, 14,29% foram com negócios entre o Brasil e os Estados Unidos, ou seja, podemos dizer que 3,37% do nosso PIB vêm das relações comerciais entre os dois países.

As notícias recentes mostram que a economia americana está se recuperando, mas ainda não reflete na diminuição do desemprego. O 3º trimestre de 2009 teve crescimento de 3,5% no seu PIB, após séries negativas, mas a taxa de desemprego de setembro foi de 9,8%, maior que a de agosto, que havia sido de 9,7%

O problema com a falta de emprego até para quem tem diploma de curso superior nos Estados Unidos afeta a economia brasileira, já que enfraquece um dos nossos principais parceiros comerciais, que não pode comprar tantos produtos brasileiros como em anos anteriores e não oferece a quantidade de produtos que estavam à nossa disposição na época das vacas gordas.

Texto de nov/09

Mais marmitas

Comer fora de casa está mais caro. É o que o IBGE analisou e o programa Bom Dia Brasil, da Rede Globo, divulgou em seu programa de 03 de novembro de 2009.

Um prato com arroz, feijão, salada e carne está 6% mais caro.

A cesta básica, calculada pelo DIEESE, está mais cara este ano que em 2008 apenas em Salvador (+1,37%) e em Belém (+1,57%), dentre as 16 capitais analisadas pelo DIEESE. Nas outras 14, houve queda nos preços dos itens que a compõem.

Opa, então por que comer fora de casa está mais caro, já que os alimentos baixaram seus preços?

O problema está na subida dos preços de mão de obra, aluguel e energia elétrica, segundo o presidente da Associação Brasileira de Bares e Restaurantes, Paulo

Solmucci, que tiveram aumentos entre 6 e 19% nos seus valores.

Em maio analisamos nesse blog uma pesquisa que já dava mostras que o hábito de comer fora de casa estava diminuindo.

Se for difícil almoçar em casa para quem trabalha longe de seu lar, o jeito é preparar o almoço em casa, e esquentar a marmita no local do trabalho. Sem considerar a queda dos preços da cesta básica, analisando apenas a subida de 6% na comida fora de casa, a marmita caseira significa 6% a mais de dinheiro no final do mês. A comida caseira está mais barata e agora fica ainda mais gostosa com essa ajuda na economia doméstica.

Texto de nov/09

Que você quer ser quando crescer?

Toda criança já ouviu a pergunta:
O que você quer ser quando crescer?

Na revista Veja desta semana, na matéria de capa aparecem as carreiras e cursos de vestibular mais procurados pelos estudantes que buscam o ensino superior.

Medicina é a intenção de 159.428 dos vestibulandos das universidades federais brasileiras e da Universidade de São Paulo. O segundo curso mais tentado é o de Engenharia, com 139.414 vestibulandos. Completando o pódio na 3ª posição está o curso de Direito, com 95.335 candidatos.

Entre as seis atividades mais bem pagas no Brasil, conforme estudo da Fundação Getúlio Vargas com base em dados do IBGE, estão profissões oriundas dos 3 cursos mais procurados nos vestibulares. Assim vemos a importância do aspecto financeiro na hora de escolher uma profissão.

A vocação é importante na hora de escolher uma profissão. Qual a sua vocação? Faça o teste da Veja e descubra.

O que é mais importante, buscar uma profissão onde goste de trabalhar ou que pague bem? Se conseguir trabalhar com prazer, fizer o que você gosta, vai fazer bem feito, e a conseqüência do trabalho bem feito é a boa remuneração. Ou seja, dessa forma a vocação e o retorno financeiro caminham juntos, é o ideal.

Um texto muito interessante sobre a expectativa do estudante sobre o seu futuro pode ser lido no blog O esporte, a sociedade e o mundo dos negócios, por Adriano Berger.

Texto de nov/09

Aposentadoria

Vamos divagar um pouco sobre a aposentadoria. Quando criança a pergunta é sobre o que vai ser quando crescer, depois de crescidas, as pessoas começam a pensar na sua aposentadoria, a tranqüilidade que querem encontrar depois de décadas de trabalho.

No Brasil os trabalhadores podem se aposentar por idade ou por tempo de contribuição

Por idade o trabalhador urbano brasileiro pode se aposentar aos 65 e a trabalhadora aos 60 anos de idade, comprovando pelo menos 180 contribuições mensais ao Ministério da Previdência Social. No caso dos trabalhadores rurais a idade é 5 anos a menos que os urbanos, mas é necessário comprovação de 180 meses de atividades no campo.

A aposentadoria por tempo de contribuição é concedida após 35 anos de contribuição dos homens e 30 anos das mulheres, ou 420 contribuições masculinas e 360 femininas, conforme algumas regras estabelecidas por Lei.

A alíquota de contribuição varia de 8 a 11%, conforme a categoria estipulada por Lei.

A expectativa de vida do brasileiro é de 72,7 anos, sendo que entre os homens é de 69 anos e entre as mulheres de 76,5 anos.

Vamos a algumas continhas rápidas.

Para facilitar os cálculos vamos considerar um salário de R$1.000 como exemplo.

Conforme os números acima, o mínimo que pode ser recolhido para se aposentar é de 8% (R$80) em 180 contribuições, onde conseguimos recolher ao longo desse período R$14.400.

Aproveitando os mesmos números acima, o máximo a ser recolhido é de 11% (R$110) em 420 contribuições, resultando em R$46.200 de contribuições durante o tempo trabalhado e contribuído.

Apenas fazendo continhas simples, sem considerar as características de cada contribuição e de cada tipo de aposentadoria, chegamos a valores entre R$14.400 e R$42.600 recolhidos pelo trabalhador brasileiro que ganha um salário de R$1.000, ao longo de sua vida trabalhadora, o que dá salários garantidos por essa quantia de 14,4 até 42,6 meses.

O homem pode se aposentar aos 65 anos e sua expectativa de vida chega aos 69 anos, ou seja, tem 4 anos para poder usufruir da aposentadoria, enquanto a mulher pode se aposentar aos 60 anos e sua expectativa de vida chega aos 76,5 anos, tem 16,5 anos de usufruto da aposentadoria.

Considerando o homem, que tem 4 anos para aproveitar a aposentadoria, no nosso exemplo do salário de R$1.000, pode chegar ao máximo de 42,6 meses (3 anos, 6 meses e 18 dias). Ou seja, mesmo que o recolhimento à Previdência for pelo maior valor, ainda faltam 5 meses e 12 dias para serem pagos o salário de R$1.000 ao nosso trabalhador enquanto ainda está vivo.

Sem considerar juros, aplicação financeira nem atualizações monetárias nessa conta, vemos que não fecha, o que o trabalhador recolhe como contribuição previdenciária para a sua aposentadoria não é suficiente para pagar o mesmo salário que recebia quando estava na ativa. Por isso que as aposentadorias não conseguem pagar os mesmos salários que foram a base de recolhimento dos trabalhadores, e no nosso simplório exemplo, para que os R$42.600 fossem utilizados para pagar o salário do aposentado nos 4 anos de vida, em média, que lhe restam, o valor da aposentadoria teria que ser R$887,50. (R$42.600 divididos por 48 meses).

A expectativa de vida do brasileiro está crescendo, a porcentagem da população com idade superior aos 65 anos também está crescendo. Dessa forma, a tranqüilidade esperada na aposentadoria do trabalhador fica cada vez mais distante. Os problemas financeiros na Previdência Social brasileira são antigos, e por essas nossas contas ainda vão continuar, a não ser que novas políticas e decisões sejam tomadas, para que a esperança de todo trabalhador brasileiro (inclusive deste blogueiro) de poder curtir uma aposentadoria tranqüila seja transformada em realidade.   Texto de nov/09

Que mau humor, e que sucesso!

Pesquisa desenvolvida pelo professor Joseph Forgas, da University of New South Wales, de Sydney, Austrália, analisou o estado de ânimo e sua influência nas pessoas.

O bom humor facilita a criatividade e a cooperação.

O rabugento, mau humorado, presta mais atenção ao mundo externo, por isso são melhores comunicadores e cometem menos erros em suas avaliações. A sua memória é melhor e toma decisões de forma mais prudente.

É o fim dos sorrisos no trabalho, agora ganha mais pontos com o chefe quem estiver de cara amarrada, esbanjando mau humor. Como já vimos nesse blog, o segredo do sucesso pode estar numa casa azul, no bigode, e agora também no mau humor.

Hehehe, ainda bem que toda regra tem suas exceções, espero que nesse caso as exceções sejam maiores que a regra, para que não aumentem ainda mais o número de pessoas rabugentas no mundo.   Texto de nov/09

Recorde na geração de vagas de emprego no Brasil

No mês de outubro de 2009 foram gerados 230.956 novos postos de trabalho no Brasil, ultrapassando o número de 1 milhão de empregos formais gerados nesse ano. São Paulo é o Estado que mais contratou em 2009, 399.092 tiveram sua carteira de trabalho assinada, Minas Gerais ficou na 2ª posição, criando 115.391, o Paraná completa o pódio, com 89.037 empregos nos 10 primeiros meses do ano. Este pódio continua o mesmo que já comentei nesse blog este ano.

São Paulo representou 29,93% do país, com a geração de 69.146 empregos em outubro no estado. Em 2009 34,3% dos novos empregos gerados foram entre os trabalhadores paulistas.

Em Minas Gerais o mês de outubro de 2009 entra para sua história como o melhor mês na criação de empregos formais desde que o CAGED (Cadastro Geral de Empregados e Desempregados do Ministério do Trabalho e Emprego) iniciou seus levantamentos. Foram gerados 15.898 vagas em outubro entre os mineiros, 6,9% do Brasil todo.

No Paraná, desde 1996, não eram criados tantos empregos formais no Estado. Foram 13.427 trabalhadores que assinaram suas carteiras de trabalho neste mês, 15% de todo o ano. O interior do estado foi o responsável por quase 69% das vagas criadas em 2009.

A Secretaria do Emprego e Relações do Trabalho do Governo de São Paulo, em parceria com a FIPE (Fundação Instituto de Pesquisas Econômicas), ligada à USP (Universidade de São Paulo), criou um sistema que mostra a chance da pessoa que está desempregada conseguir um emprego, o Termômetro do Emprego. Quer saber da sua chance de conseguir um emprego, clique aqui e veja.

É o 3º mês consecutivo que passam de 200 mil empregos formais gerados no Brasil, ótimo sinal para a retomada da atividade econômica no país. Mais empregos gerados, mais pessoas recebendo salários, mais pessoas podendo consumir, a economia do país fortalece e agradece. Vamos torcer para que a retomada do emprego e da atividade econômica seja constante.

Texto de nov/09

Navios de cruzeiros

Como temos acompanhado neste blog, o turismo é uma indústria em ascensão, com mais pessoas viajando pelo mundo todo. O número de passageiros que viajam em cruzeiros no mundo aumentou mais de 150%, no Brasil cresceu 620% nos últimos 8 anos. Em 2004 tinham 6 navios de grande porte na costa brasileira fazendo cruzeiros, no próximo verão serão 18, que vão transportar quase 1 milhão de turistas pelas costas do Brasil.

Com esse crescimento de passageiros, cresce também o tamanho dos navios. Em 2009 foi construído o maior de todos os tempos, o Oasis of the Seas.

O Titanic, construído em 1909 tinha 9 andares, comprimento de 270 metros, com uma tripulação de 900 pessoas atendiam 1.316 passageiros (1,46 passageiros por tripulante). O Oasis of the Seas, construído 100 anos depois, levou 3 anos para ficar pronto, têm 20 andares, comprimento de 361 metros, com uma tripulação de 2.100 pessoas para atender os 6.360 passageiros (3 passageiros por tripulante). Apesar de ser 2,2 vezes maior que o Titanic (20 andares contra os 9 do Titanic), a capacidade de passageiros é quase 5 vezes maior precisando de apenas 2,3 vezes mais tripulação. Como vemos nesse comparativo publicado na Veja:

Essa é mais uma opção para quem quer viajar, e com o aumento da procura pelos cruzeiros, aumenta as opções de navios, as facilidades de pagamento e as comodidades e conforto acessível aos turistas/passageiros. Podemos dizer que uma viagem de cruzeiro é uma estada num resort que se movimenta, tamanho o conforto oferecido pelos navios hoje em dia.

Texto de nov/09

O mau humor do chefe é prejudicial à saúde

Dias atrás escrevi nesse blog que o rabugento, o mau humorado, era mais produtivo no trabalho que aquela pessoa que vivia sorrindo, de bom humor. Mas se o chefe for mau humorado, os funcionários é que saem perdendo.

Pesquisa feita pela Universidade de Estocolmo, na Suécia, com 20 mil trabalhadores de idades entre 20 e 60 anos, que trabalham na Finlândia, Suécia, Alemanha, Polônia e Itália concluiu que o mau chefe é prejudicial à saúde dos seus comandados. O risco de sofrer um ataque cardíaco é 25% maior entre aquelas pessoas que tem um chefe rigoroso demais, injusto e desmotivador.

A explicação para isso é que a reação que o chefe mau humorado provoca no funcionário deixa ele desmotivado, dorme mal, não se alimenta direito, fuma e bebe mais, aumentando o risco de sofrer ataque cardíaco.

O cargo de chefia deve ser exercido por pessoas que saibam motivar e liderar uma equipe para poder atingir o melhor rendimento possível, e o mau humor vai exatamente no caminho oposto da boa liderança. Não é necessário que o chefe esteja todo o tempo distribuindo sorrisos, beijos e abraços a todos, mas a rabugice atrapalha e incomoda, não apenas no trabalho, mas, como essa pesquisa concluiu, até na qualidade de vida dos trabalhadores.

Texto de nov/09

Contratações em vista

Pesquisa feita pela PriceWaterhouse em 52 países com 1.198 dirigentes de empresas mostra um cenário otimista na visão dos executivos brasileiros.

A média mundial de intenção de contratar mais funcionários em 2010 é de 40%. No Brasil o índice vai a 61%, o mais otimista e confiante entre os 52 países consultados.

O otimismo toma conta das expectativas econômicas para 2010 na opinião de 81% dos entrevistados, ano passado essa porcentagem foi de 64%.

A criação de novas regras trabalhistas têm a oposição de 63% dos executivos brasileiros, que tem a companhia dos americanos (52%) e dos alemães (46%) neste pódio de oposição a novas regras no mercado trabalhista de seus países.

Conforme analisamos na retrospectiva 2009 no blog Pesquisas e Números, a economia deve recuperar o seu nível de atividade em 2010, esperamos que todo esse otimismo se transforme em realidade e tenhamos um ótimo 2010, com menos desemprego, mais contratações, e maior vigor econômico a todos os países.

Texto de fev/10

Mais autonomia ao trabalhador

A chave para uma equipe ser produtiva é dar liberdade aos funcionários. Essa é a principal conclusão duma **pesquisa publicada na revista Pequenas Empresas Grandes Negócios** realizada pela consultoria Fellipelli com 300 profissionais no segundo semestre de 2009.

Necessitam de autonomia no ambiente de trabalho 58% dos entrevistados, que dessa forma se sentiriam mais à vontade para trabalhar de maneira independente.

75% demonstraram atuar em prol dos interesses coletivos e facilidade em trabalhar em equipe. Apesar disso 44% sentem necessidade do reconhecimento individual pelos seus esforços.

A adaptabilidade a ambientes mais regrados são características de 70% dos entrevistados, pelas suas competências organizacionais e atuações dentro de padrões estabelecidos. Mas, ao observar as necessidades motivacionais, apenas 28% necessitam desse tipo de ambiente para produzirem melhor.

O grande dilema dos líderes, como motivar e manter a motivação de sua equipe para obtenção dos melhores resultados. Pelos resultados desta pesquisa a autonomia é um fator motivador no processo produtivo, mas o papel do líder é a sensibilidade em saber a melhor hora para dar autonomia à equipe e para fazer as cobranças necessárias. Essa tarefa não é das mais fáceis.

Texto de fev/10

A chefa

Hoje, 8 de março, é o Dia Internacional da Mulher. Vamos analisar mais profundamente uma matéria do blog Gestão Feminina da semana passada, sobre a pesquisa anual "A mulher e o mercado de trabalho", onde a Catho consultoria pesquisou mais de 100 mil executivos em São Paulo.

Segundo a pesquisa, as mulheres, em cargos de chefia, valorizam mais seus subordinados, na opinião de 84,94% dos entrevistados, e entre o público masculino pesquisado esse índice sobe a 89,43%.

Pela Síntese de Indicadores Sociais do IBGE de 2008, os homens trabalhadores receberam em média, em 2008, R$ 1.130 mensais, enquanto as mulheres receberam R$ 801, valor 41% maior para os homens. As mulheres empregadoras receberam em média, em 2008, R$ 2.497, enquanto os homens empregadores receberam R$ 3.161, 26% a mais para os homens.

A formação das mulheres é superior à dos homens. Em 2008 a média entre as mulheres ocupadas era de 9,2 anos de estudo, enquanto entre os homens essa média é de 8,2 anos. Se formos analisar a população brasileira com pelo menos 12 anos de estudo, 56,7% pertencem ao sexo feminino e 43,3% ao masculino.

O Fórum Econômico Mundial, em Davos (Suiça) publica anualmente o The Global Gender Gap Report (Relatório da Desigualdade Global de Gênero), onde calcula o índice de diferenças entre homens e mulheres em 134 países, e segundo o último Relatório, de 2009, o Brasil ocupa a 81ª posição. Este índice leva em considerações a participação feminina em 4 setores da sociedade: economia, educação, saúde e política.

A mulher está ocupando espaço cada vez maior na sociedade, apesar do relatório do Fórum Econômico Mundial mostrar que ainda há muito a ser feito para diminuir essa desigualdade.

O futuro e o crescimento profissional dependem do estudo e formação, nesse quesito a mulher larga na frente.

Pela valorização dos funcionários, para melhorar o Brasil no ranking de desigualdade global de gênero, vamos torcer para que mais mulheres se tornem "chefas" pelas empresas no país todo.

Texto de mar/10

Sobram empregos, falta qualificação

Para o IPEA, Instituto de Pesquisa Econômica Aplicada, o ano de 2010 será um ano de recuperação de empregos, conforme o próprio Pesquisas e Números já havia anunciado.

5 anos do Pesquisas e-Números - Empreendedorismo

O comunicado nº 41 do IPEA, "Emprego e Oferta Qualificada de Mão de Obra no Brasil - Impactos do Crescimento Econômico Pós-crise" afirma que 653 mil profissionais com experiência e qualificados não conseguirão empregos neste ano. Mas, entre os profissionais sem qualificação, esse número é maior, terminarão o ano de 2010 sem emprego 5,5 milhões de brasileiros sem qualificação.

Em alguns estados a situação prevista pelo IPEA é a de terminar o ano de 2010 sem conseguir preencher vagas de emprego pela falta de qualificação necessária para os cargos, como é o caso do Paraná, onde 18.441 vagas não conseguirão ser preenchidas, em Santa Catarina este número é de 13.300 e em Rondônia 4.531. O setor do comércio e reparação é onde a falta de qualificação sobrará 187.580 vagas, e ainda vão sobrar 50.086 vagas no setor de educação, saúde e serviços sociais.

O desemprego existe, ainda não será em 2010 que todo brasileiro terá o seu emprego, mas para quem tem mais anos de estudo, mais qualificação, a situação está um pouco melhor que para os que não se prepararam.

Para quem está sem emprego, ainda estamos em março, dá tempo de buscar algum curso, alguma forma de melhorar a qualificação e incrementar o currículo, para que essa previsão de sobra de vagas esteja errada, que, se realmente sobrarem vagas, esse número seja menor.

Texto de mar/10

Reações ao Feedback

A Missel Capacitação Empresarial quis saber as reações dos funcionários na hora de dar e receber feedbacks, entrevistando 93 executivos e gestores em posição de liderança em grandes empresas da região sul do Brasil. A revista Amanhã publicou os resultados desta pesquisa.

Hummm, mas o que quer dizer Feedback?

"No processo de desenvolvimento da competência interpessoal o feedback é um importante recurso porque permite que nos vejamos como somos vistos pelos outros." Definição retirada do Wikipédia.

A reação ao feedback é diferente nos homens e nas mulheres. Falar que não estão fazendo bem um determinado trabalho faz com que 28,2% das mulheres sintam-se criticadas, enquanto esse índice é de 17,5%

entre os homens, mas 14% dos homens têm mais dificuldade em aceitar que são ineficientes, enquanto entre elas esse sentimento é de 10,3%

Vejam alguns números desta pesquisa feita por Simoni Missel e suas diferenças entre os homens e mulheres:

O feedback é importante para o bom desempenho e produtividade nas empresas, é sempre bom saber se o funcionário, ou funcionária, está no caminho certo ou não, e o que fazer para que acerte o passo. Por estes números, a mulher está mais a vontade para dar feedbacks a seus chefes, enquanto o homem tem mais facilidade em criticar, ou elogiar, os seus subordinados.

E você, o que achou desta matéria? Dê o seu feedback, faça o seu comentário.

Texto de mar/10

Do you speak english?

Heim? O que você disse?

A Catho consultoria em recursos humanos fez uma pesquisa para saber como anda o conhecimento da língua inglesa entre os trabalhadores brasileiros.

Apenas 5,5% dos funcionários das empresas brasileiras falam e escrevem fluentemente em inglês. Entre as empresas multinacionais este índice sobe a 13,6%.

Dentro da hierarquia na empresa há diferença entre os funcionários "chão de fábrica" que dominam o inglês, que é de 2,9%, para os cargos de diretoria, que são 18,6%. Ou seja, quanto mais alto o cargo e mais responsabilidades a função exige, maior o nível de conhecimento da língua inglesa.

Uma conclusão que chegamos vendo esses números é que o inglês ajuda a subir na carreira, é uma capacitação a mais no currículo e no conhecimento que cada pessoa deve ter.

Outra conclusão é que o inglês ainda é desconhecido e ignorado pela imensa maioria da população, e na hora de procurar emprego, ou buscar uma promoção dentro da empresa que trabalha, pode ser o diferencial que está faltando.

Texto de mar/10

Comprometido com o trabalho

O funcionário está satisfeito e comprometido com o trabalho na empresa?

Uma pesquisa feita em 15 países com mais de 30 mil entrevistas em empresas com mais de 50 funcionários realizada pela Right Management analisou o comprometimento e satisfação dos funcionários no trabalho.

Para 50% dos entrevistados não há comprometimento algum no trabalho, enquanto 34% afirmaram estar comprometidos, 9% estão comprometidos com a organização, mas não com o desempenho do seu trabalho e os 7% restantes se sentem confortáveis em contribuir com a empresa, mas sem fidelidade à organização, podendo se desligar a qualquer momento.

A situação é preocupante, de cada 3 funcionários apenas 1 gosta e se realiza exercendo suas funções no trabalho.

A liderança deve motivar seus liderados, o líder que conseguir com que seus funcionários se comprometam com a função que exercem, com a empresa que trabalham, com certeza conseguirá melhores resultados do que os que trabalham com funcionários desmotivados e descomprometidos.

E se o líder não estiver comprometido com o trabalho?

Bom, nesse caso nem adianta querer que seus funcionários se comprometam com coisa alguma, o líder é a peça chave na organização, na empresa.

Texto de abr/10

Crimes internos nas empresas

Quase 70% das empresas brasileiras tiveram problemas com furtos e fraudes nos últimos 2 anos, conforme matéria na Revista Pequenas Empresas Grandes Negócios, do mês de abril.

O relatório Provar/FIA, sobre perdas no varejo avaliou que estes 70% representaram R$ 2,2 bilhões por ano, que significa R$70 por segundo.

Neste blog já vimos o problema dos taxistas novaiorquinos, que cobravam valores acima do devido, onde comparávamos com casos de corrupção política no Brasil, onde percebíamos que o ato é o mesmo, de desonestidade e falta de ética, não é pelo valor, mas pela atitude desonesta que fere a ética.

O Pesquisas e Números também analisou o comprometimento dos funcionários com as empresas que trabalham, concluindo que a insatisfação no trabalho causava altos índices de falta de comprometimento.

A falta de ética, a desonestidade e insatisfação no trabalho contribuem para este índice alto de empresas sofrendo com fraudes e furtos. Como combater esses problemas?

Mais uma vez repito aqui a importância da chefia, da liderança, nesse processo todo, em motivar e manter os funcionários comprometidos com a companhia, assim melhora a produtividade e reduz as possibilidades de perdas na empresa. Mas para isso é fundamental que o líder também esteja motivado por seus superiores, num processo em cascata.

Texto de abr/10

Procuram-se trabalhadores

Para quem está procurando emprego, as notícias são boas, está sobrando vagas no Brasil.

A Fundação Dom Cabral fez uma pesquisa nas 76 maiores empresas no país, e 67% destas estão tendo dificuldade em contratar funcionários.

Nos supermercados do Paraná há 4 mil postos de trabalho abertos esperando os candidatos para preenchê-los.

No Pesquisas e Números já estamos acompanhando esta retomada da economia brasileira traduzida em novas vagas de emprego sendo criadas. Em novembro comentávamos do recorde de vagas abertas no país, em fevereiro víamos uma pesquisa feita com executivos no país onde o índice de intenções de contratações de pessoal era maior no Brasil que nos outros países.

Mas há 8 milhões de desempregados no Brasil. Por que essa contradição?

Em março comentamos aqui outra pesquisa afirmando que o ano de 2010 terminaria com empregos sobrando pela falta de qualificação dos candidatos. E acredito que isto seja um dos fatores para essa contradição, de termos 8 milhões de pessoas procurando emprego ao mesmo tempo que as empresas não conseguem preencher as vagas que abrem.

A qualificação do brasileiro, um melhor preparo, maior conhecimento, só traz benefícios, tanto para quem está desempregado quanto para quem está trabalhando e para quem é empreendedor.Conhecimento nunca é demais.

Texto de jun/10

A chefa, ou o chefe, quem é melhor?

Pesquisa da Duke University, nos Estados Unidos, com 300 estudantes de graduação e pós-graduação da instituição, chegou a conclusão que as mulheres são melhores como líderes que os homens.

Para a pesquisa foram analisadas características de líderes fictícios, e comparando os resultados obtidos para os homens e para as mulheres, as respostas foram mais favoráveis à ascensão delas.

Em ambientes de negócios, a competência e a simpatia são adjetivos mais comuns entre as executivas, além de saberem levar melhor os relacionamentos profissionais.

Esta pesquisa avaliou a liderança feminina nos Estados Unidos. E no Brasil, como seria?

A pesquisa mais recente sobre o empreendedorismo, do GEM, realizada anualmente em mais de 50 países, comprovou que a atividade empreendedora nos Estados Unidos é de 8%, sendo que 37% destes são mulheres. No Brasil a mesma pesquisa comprovou que 15% dos brasileiros estavam à frente de algum negócio em 2009, e 53% destes empreendedores pertenciam ao sexo feminino. Ou seja, o Brasil está à frente dos Estados Unidos no que diz respeito à mulher empreendedora, sendo assim, a tendência é a mulher aumentar o seu espaço na vida econômica brasileira, ainda mais depois que esta pesquisa concluiu a superioridade feminina no papel de líder.

Texto de jun/10

Elas são mais organizadas

Ah, essas mulheres. Elas são maioria entre os empreendedores brasileiros, são melhores chefes, e agora, numa pesquisa feita com 4 mil trabalhadores pela empresa americana de etiquetagem DYMO, concluiu que elas são mais organizadas no trabalho.

São 32% os trabalhadores que se consideram muito organizados no trabalho, enquanto entre as trabalhadoras esse índice é de 43%. A mesa dos homens está impecável para 30% deles, já entre as mulheres, o índice vai a 40%. Entre os homens 37% afirmaram que mantém um sistema de arquivamento organizado, enquanto esse índice ultrapassa os 50% entre as mulheres.

Considerando que essas repostas foram obtidas sobre as percepções que cada um tem sobre o que é organizado, ou bagunçado, e as mulheres são mais exigentes em suas avaliações que os homens, acredito que elas são ainda mais organizadas que eles em índices até maiores que os mostrados nessa pesquisa.

Elas empreendem mais, são melhores chefes, são trabalhadoras mais organizadas, acho que o "sexo frágil" está cada vez mais pendendo para o lado masculino, elas estão se tornando o "sexo forte".

Texto de ago/10

Procura-se: Trabalhador Qualificado

No final de 2009, e no início deste ano escrevemos aqui sobre as vagas de emprego que estavam surgindo, inclusive com a previsão de que ao final de 2010 alguns estados brasileiros não conseguiriam preencher todas as vagas que iriam surgir.

O mercado de trabalho funciona como todos os mercados, quando você procura alguma mercadoria e não encontra na lojinha perto da sua casa você vai buscar em outros lugares, até conseguir finalmente encontrar o que estava procurando. A mesma coisa ocorre com as vagas de emprego, busca-se o candidato primeiro na vizinhança, se não encontrar amplia-se o leque até conseguir preencher esta vaga.

Assim as empresas brasileiras estão fazendo, procurando trabalhadores em outros países para ocupar as vagas qualificadas de emprego que estão surgindo. A média é de 17% de aumento todos os anos de trabalhadores recrutados fora das fronteiras nacionais, sendo que no 1º trimestre de 2010 esta entrada de trabalhadores estrangeiros bateu recorde no país.

Quem são esses trabalhadores estrangeiros que estão ocupando as vagas que os brasileiros não têm qualificação suficiente para ocupá-las?

Dos vistos de trabalho concedidos neste 1º trimestre, 80% estavam vinculados a funções técnicas e com transferência de tecnologia, 60% são possuidores de diploma universitário, no mínimo. Os vistos de trabalho são concedidos por tempo determinado, no máximo de 2 anos, podendo ser renovado.

O desemprego ainda não será zerado, 2010 ainda não será o ano que todo brasileiro terá o seu emprego, mas para quem tem mais anos de estudo, mais qualificação, a situação está um pouco melhor que para os que não se prepararam.

Nunca é tarde para buscar algum curso, alguma forma de melhorar a qualificação e incrementar o currículo, para que as empresas brasileiras não precisem sair das nossas fronteiras para achar trabalhadores qualificados.

Texto de ago/10

Cadê o cachorro?

Vai trabalhar e deixa o seu cachorro de lado?

Sua produtividade vai ficar prejudicada.

Essa é a conclusão duma pesquisa realizada pela Universidade Central de Michigan, publicada na revista The Economist, sobre a presença dum cão no ambiente de trabalho entre os funcionários.

Foram formados grupos com 4 pessoas, que tinham a tarefa de criar um anúncio de 15 segundos para um produto qualquer, alguns grupos contavam com um cachorro para ficar ali e interagir com a equipe. No final desta tarefa todos os participantes responderam um questionário sobre como se sentiram no trabalho em grupo. As equipes que eram acompanhadas pelo cachorro atingiram as mais altas pontuações nos quesitos sobre confiança, entrosamento e coesão do grupo.

É claro que o cão em questão não pode ser nenhum rotweiller ou pitbull rosnando para a equipe se alguém sair de sua mesa, como um fiscal do trabalho, mas sim um animal amigo que possa facilmente se integrar ao grupo e seja querido por todos.

Quando a produtividade da equipe estiver baixa convença seu chefe a contratar um novo funcionário, um cachorro, que o espírito de equipe vai melhorar.

Agora, fica a questão:

Quem vai cuidar e limpar o cachorro quando for necessário?

Ora, quem faz o trabalho pesado nas empresas pode assumir mais esta função, ou seja, mais uma atividade para o estagiário desempenhar.

Texto de set/10

Os chefes maus

Pode um chefe mau ser bom chefe?

No Pesquisas e Números já vimos que o rabugento é mais produtivo no trabalho do que o sempre sorridente, agora uma pesquisa da Universidade de Nebraska analisou 900 cadetes do exército americano para definir os traços de personalidade que dizem se a pessoa terá capacidade de liderança ou não.

Arrogância, narcisismo, hesitação, dramatismo e inflexibilidade podem ser qualidades benéficas para a gestão de líderes de determinados setores.

A pesquisa concluiu que ser cético em excesso é prejudicial, mas ter uma natureza mais hesitante está associado a uma melhora no desempenho profissional e no desenvolvimento da capacidade de liderar.

Algumas características negativas nas pessoas, como narcisismo, críticas exageradas aos outros, rigidez em seguir regras, tiveram efeitos positivos na liderança, segundo esta pesquisa. Mas esses traços sozinhos têm efeitos mínimos, apesar de que juntos foram fundamentais para determinar os que poderiam ter sua capacidade de liderar desenvolvida. As características negativas podem ser adaptadas e até mesmo aproveitadas para cargos e empregos específicos em que essas qualidades, ou defeitos, sejam importantes.

Mas não se pode exagerar, o Pesquisas e Números já analisou que o mau humor do chefe é prejudicial à saúde dos seus funcionários, aumentando o risco de sofrer problemas cardíacos. Então algumas características negativas podem ser benéficas para o chefe, mas que não chegue ao ponto de prejudicar a saúde de sua equipe.

Texto de nov/10

Chove lá fora e aqui vamos trabalhando

A chuva traz sentimentos opostos nas pessoas.

Enquanto uns odeiam porque tem que sair na chuva e provavelmente vão se molhar e permanecer molhados o restante do dia, outros ficam felizes com São Pedro quando decide mandar chuva à terra.

A chuva não traz alegria apenas aos agricultores que ficam esperando ela chegar para que a colheita seja farta, mas também os taxistas, motoboys, empresas de delivery de comida e lavanderias têm mais movimento em dias de chuva, como já analisamos por aqui.

A economista Marie Connolly da Universidade de Princeton, nos Estados Unidos, resolveu cruzar dados sobre o trabalho dos americanos com a meteorologia, para analisar o efeito da chuva na rotina de trabalho do americano.

As mulheres trabalharam 3 minutos a mais nos dias de chuva, enquanto os homens permaneceram em média 30 minutos a mais no trabalho enquanto chove.

Esse resultado pode ser analisado por dois ângulos, o primeiro é que o homem é mais profissional, dedicando mais tempo ao trabalho, enquanto pelo segundo ângulo o homem tem mais preguiça de sair e se molhar, portanto fica esperando a chuva passar para sair do trabalho.

Qual das duas análises é a correta?

Hummm, acho que um pouco de cada.

Texto de nov/10

Trabalhador com estudo amplia seu espaço

O IPEA, com base na PNAD, do IBGE, afirma o que temos analisado no Pesquisas e Números sobre emprego e trabalho no Brasil, que o trabalhador mais capacitado, com mais anos de estudo, está ampliando seu espaço no mercado de trabalho.

No período de 2001 a 2009, os trabalhadores com mais de 11 anos de estudo aumentaram a sua participação no mercado de trabalho em 15%, enquanto os que têm até 3 anos de estudo perderam 9% e os com 4 a 10 anos de estudo perderam 6% da fatia que tinham do mercado de trabalho em 2001.

Nesse período foram gerados mais postos de empregos em todos os segmentos, com exceção do agrícola, que perdeu 13%.

A melhor capacitação profissional é benéfica para todos, para a pessoa, que ganha conhecimento, e para a empresa, que tem funcionários mais qualificados, que significa maior produtividade. A economia nacional também ganha, com a maior produtividade das empresas e das pessoas.

Texto de nov/10

Trabalhar em casa, ou no escritório?

O seu endereço comercial é o mesmo que o residencial?

Se ainda não é, num futuro não muito longínquo será.

A preferência de muitos trabalhadores brasileiros é por trabalhar em casa, segundo uma pesquisa feita em agosto e setembro deste ano em 13 países com usuários finais e executivos de TIs, pela Cisco.

A média dos 13 países foi de 60% que afirmaram não considerar que é preciso estar fisicamente no local de trabalho para ser produtivo. No Brasil este índice foi superior, de 76%. Apenas na Índia, com 93%, e na China, com 81%, esses números foram superiores ao brasileiro. Lembrando que Índia e China tem mais de 1 bilhão de habitantes, com um trânsito nada agradável.

Para 83% dos brasileiros entrevistados é preferível ter salários mais baixos, mas ter mais flexibilidade e mobilidade no trabalho, melhorando a sua qualidade de vida.

Os dispositivos e ferramentas oferecidos pelas empresas deveriam estar disponíveis para uso pessoal e profissional, na opinião de 77% dos brasileiros, superior à média mundial de 66%, mas inferior à quase unanimidade na Índia, de 95%.

O problema é que as empresas ainda não estão preparadas para isso, conforme responderam 45% dos entrevistados. Mas elas estão trabalhando nesse sentido, na opinião de 57% dos brasileiros.

Trabalhar em casa é uma opção que passa a ser considerada por número cada vez maior de pessoas, além da flexibilidade de horários e melhor mobilidade, com a invenção do notebook e do celular, as pessoas não se desligam da empresa no momento em que batem o ponto de saída, então nada mais justo do que flexibilizar os horários de trabalho. Esta pesquisa da Cisco mostrou que a produtividade das pessoas não está ligada ao fato de estar fisicamente presente no local de trabalho.

O trânsito das grandes metrópoles está cada vez pior, fazendo as pessoas gastarem cada vez mais tempo no trajeto de casa para o trabalho, e o home-office é uma solução para a melhoria no trânsito, já analisado no Pesquisas e Números. Desta forma o funcionário estaria trabalhando até mais do que as 8 horas diárias regulamentais, já que não perderia tanto tempo no trajeto casa-trabalho.

Ou seja, trabalhar em casa pode até aumentar a produtividade profissional.

O designer Manuel Saez criou a cadeira Daybed, para oferecer conforto para quem trabalha com notebooks, seja em casa ou no escritório.

Texto de dez/10

A soneca no trabalho

Depois do almoço dá uma vontade de tirar um cochilo, mas a maioria das pessoas precisa trabalhar e não pode dormir nessa hora.

A Nasa, em estudo coordenado pela especialista em fadiga Mark Rosekind, mostrou que uma soneca que dure em média 26 minutos aumenta a produtividade em até 33% e a capacidade de atenção também cresce em 54%.

Mas a soneca não pode ultrapassar 40 minutos, senão prejudica o sono noturno e deixa a pessoa sonolenta ao invés de melhorar a atenção e produtividade.

Dez das cem melhores empresas para trabalhar, conforme estudo publicado na Revista Época, já possuem espaços próprios para a soneca dos seus colaboradores, não interferindo nas horas de trabalho, já que o tempo da soneca está dentro dos intervalos permitidos no horário de trabalho.

Se for pensar apenas no lucro da empresa, a soneca deve ser incentivada, porque melhora a produtividade e a atenção. Mas se for considerar também o bem estar e conforto do funcionário, a soneca também é importante na motivação.

Se a empresa não possui espaço próprio para a soneca, para que o funcionário não tire sua soneca na mesa do trabalho e o ronco atrapalhe os que estão trabalhando, uma solução foi criada pelo restaurante Bello Bello, que oferece um espaço soneca para os clientes, utilizado por cerca de 15% dos seus freqüentadores.

Na hora do almoço as pessoas vão desejar bom apetite e bons sonhos aos outros, aumentando a sua produtividade e capacidade de atenção.

Texto de dez/10

As mulheres com filhos e o mercado

As mulheres estão cada vez mais ampliando seu espaço no mercado de trabalho, como trabalhadoras e empreendedoras, mas as barreiras que elas têm que transpor se multiplicam.

O rendimento médio da mulher que exerce o mesmo trabalho, na mesma função que seu colega do sexo masculino continua menor.

A consultoria Regus fez uma pesquisa sobre a expectativa das empresas em contratações nesse ano de 2011.

Em 2011 45% das empresas em todo o mundo pretendem contratar funcionários, no Brasil este índice é ainda maior, de 57%. Contratar profissionais com filhos está nos planos de 36% das empresas, em 2010 esse índice era maior, de 44%, enquanto no Brasil este número é de 38% em 2011.

Os motivos para que os empregadores deixem de lado a mulher com filhos na hora de contratar vão desde o menor comprometimento e flexibilidade com o trabalho (37%), o risco de deixarem o trabalho para terem outro filho (33%), e estarem desatualizadas na sua área de atuação (24%). Ou seja, não há motivo concreto, mas simples suposições sobre o comportamento que imaginam que possa ocorrer.

Mas há empresas que pensam diferente, 72% consideram que quem ignora mães que voltam ao serviço estão perdendo uma excelente profissional que possa estar disponível no mercado. As profissionais com filhos têm habilidades que são difíceis de serem encontradas no mercado de trabalho, na opinião de 56% das empresas consultadas, enquanto 57% valorizam as mães quando retornam ao trabalho após a licença-maternidade por elas oferecerem experiência e um bom conjunto de habilidades sem a exigência de um salário muito alto.

Você, mãe que tem filhos, sabe o seu valor, suas qualidades e habilidades. Se as empresas não sabem disso, azar o delas, e sorte das que souberem reconhecer a qualidade das profissionais com filhos.

Ou pode se tornar uma mãe empreendedora, como já analisamos por aqui também.

Texto de abr/11

Os feriados no Brasil e a produtividade

Na semana passada tivemos mais um feriado no Brasil, comemorando Tiradentes e a Páscoa.

Junto com o feriado foi feito um estudo pela Firjan sobre o custo dos feriados no Brasil.

O valor do PIB perdido graças aos feriados de 2011 deverá ser de 135,8 bilhões de reais.

Por estas informações e pelo documento elaborado pela Firjan o feriado é altamente prejudicial à economia do país.

Eu discordo totalmente destes números e desta análise unilateral, que vem de encontro a outro estudo, analisado neste blog em 2009, onde afirmava que o trabalhador brasileiro era folgado, graças ao número de feriados existentes no país e os dias de férias. Naquele estudo foi mostrado que países com menos "dias de folga" que o Brasil não significa afirmar que trabalham mais horas ao ano.

A utilização da capacidade instalada das indústrias do estado do Rio de Janeiro, utilizando a mesma fonte de informação, a Firjan, foi de 75% em 2010, sendo inclusive acima da média histórica das empresas cariocas.

Vamos fazer uma análise simples, considerando o feriado da semana passada, você estima que vai terminar o mês de abril com mais dinheiro no bolso que os meses sem feriado? Pois é, acredito que a maioria das respostas deva vir no sentido que o mês com feriados nos custa mais que os meses que trabalhamos todos os dias da semana. Porque aproveitamos esta folga para repor as energias, para curtir nossa família, para desfrutarmos de momentos de lazer, que não conseguimos durante dias de trabalho, ou seja, nos feriados o dinheiro circula mais pela economia, não necessariamente nas indústrias, mas em outras atividades econômicas, também importantes para o país.

Afirmar que o Brasil perde bilhões de reais que não são produzidos graças à folga dos trabalhadores nacionais nos feriados é bobagem, primeiro porque há a capacidade ociosa das máquinas nas empresas brasileiras, segundo porque os momentos de lazer dos funcionários são importantes para sua própria produtividade, e por último porque o dinheiro circula para outras atividades econômicas, que também são importantes para o crescimento e desenvolvimento do país.

Texto de abr/11

O mesmo endereço residencial e comercial

Ano passado vimos no Pesquisas e Números que está aumentando o número de pessoas que tem o mesmo endereço comercial e residencial, mesmo sem serem empreendedoras.

Não estamos falando de home-office, mas sim de homeshoring, ou homesourcing, que começou e teve maior força graças à internet, nos Estados Unidos nos anos 90, que é a transferência da estrutura de trabalho do escritório da empresa para a casa do funcionário.

Se para o empregado a condição de trabalho é melhor, com mais conforto, não precisa pegar trânsito, por exemplo, para a empresa é ainda melhor, já que estudos comprovam que a produtividade do funcionário trabalhando em casa é de 20 a 40% mais alta, sendo 76% o grau de satisfação das empresas com o trabalho desempenhado por seu funcionário em casa.

5 anos do Pesquisas e-Números - Empreendedorismo

Dados internacionais coletados em 2010 pela Euromonitor estimam em U$2.000 por funcionário/ano a economia das empresas sem o espaço físico necessário para cada empregado. O custo do funcionário em casa é de 30 a 70% menor que se estivesse batendo ponto na empresa.

A IBM tem 25% de seu corpo funcional trabalhando em casa, isso representa U$700 milhões em economia por ano, a Cisco economiza U$277 milhões/ano com o homeshoring.

No Pesquisas e Números já vimos os ganhos de produtividade da soneca pós-almoço, da presença de cachorro no ambiente de trabalho e com a autonomia do trabalhador, portanto é normal que o fato da pessoa poder exercer suas funções profissionais em casa, continuando o vínculo trabalhista na empresa, traz mais conforto e tranqüilidade ao funcionário, que resulta em melhor produtividade para a empresa, é um processo onde todos ganham.

A única desvantagem que trabalhar em casa traria à empresa é o dia de chuva, que é quando o funcionário fica mais tempo no escritório trabalhando, conforme já vimos por aqui.

Mas as vantagens do homeshoring ou homesourcing são maiores que as desvantagens e problemas que podem surgir. Acredito que essa é uma tendência das empresas, que logo deve ampliar a sua abrangência pelas empresas, quando cada vez mais pessoas terão o mesmo endereço comercial e residencial.

Texto de ago/11

Encargos trabalhistas, somos os maiorais

Não é de hoje que estamos analisando a influência e a presença forte e pesada dos impostos em nossas vidas.

A FIESP fez um levantamento sobre o peso dos encargos trabalhistas nas empresas brasileiras e chegou à conclusão que nos deixa no topo do ranking mundial em encargos trabalhistas que as empresas têm que pagar sobre os salários pagos aos seus funcionários.

Os encargos trabalhistas são aqueles tributos que as empresas têm que pagar sobre os salários de seus funcionários, que deveriam voltar em benefícios a eles. Já vimos no Pesquisas e Números que o uso do dinheiro arrecadado em impostos no país é mal feito. O que acontece na prática acaba sendo uma dupla tributação, por exemplo, as empresas pagam os encargos trabalhistas que deveriam ter retorno em termos de bons serviços de saúde, mas na prática as empresas pagam para que a saúde pública ofereça bons serviços, que não acontece, e ainda precisam pagar planos privados de saúde para os funcionários cuidarem da saúde. Com isso os encargos trabalhistas acabam sendo, na prática, ainda mais elevados.

Apenas considerando os encargos trabalhistas oficiais, pagos ao governo, custam 32,4% mais do que o que é pago ao funcionário da empresa. A média dos países analisados no estudo foi de 21,4%, apenas como mais um parâmetro, comparando com a Argentina, que é de 17%, as empresas têm um dispêndio quase 2 vezes maior que as empresas no nosso vizinho no Mercosul.

Já vimos o peso do "Custo Brasil" que é acrescentado ao preço dos produtos e serviços produzidos no país, que deixa mais caro que o mesmo produto ou serviço que é oferecido em outros países, diminuindo a nossa competitividade no exterior.

No caso dos encargos trabalhistas não basta apenas melhorar o uso do dinheiro que é arrecadado, mas melhorar o sistema tributário para que esse custo diminua, pois dessa forma o produto brasileiro perde espaço no mercado internacional e o aumento de contratações de funcionários tem o custo elevado e por isso é mais difícil.

Texto de set/11

Jobs sobrando no Brasil

Há cerca de um ano atrás analisávamos que estavam surgindo mais vagas de emprego no Brasil do que a capacidade de preenchê-las com trabalhadores formados no nosso país.

Agora, depois de mais um levantamento do Ministério do Trabalho e Emprego sobre os trabalhadores estrangeiros que solicitaram visto de trabalho em nosso país, mostra que os números analisados pelo Pesquisas e Números estavam certos, que estão sobrando vagas de empregos qualificados em nosso país, que acabam sendo preenchidos por trabalhadores de níveis técnico e superior de outros países.

Os principais países que tiveram trabalhadores de nível técnico e superior solicitando visto de trabalho no Brasil foram os Estados Unidos, Filipinas, Inglaterra e Alemanha. A média de pedidos no 1º semestre de 2011 foi 20% superior ao mesmo período de 2010, sendo que os feitos por profissionais com níveis acima do superior, com mínimo de pós-graduação, mais que dobraram neste período.

Como já vimos por aqui, o trabalhador com estudo tem ampliado o seu espaço de trabalho no Brasil, mas mesmo assim não conseguimos formar profissionais suficientes para ocupar todas as vagas qualificadas que surgem na economia nacional. Tanto é que quem está ocupando as vagas ociosas são trabalhadores capacitados de países com grau de desenvolvimento econômico mais avançado que o nosso, mostrando que essas vagas são de qualidade, senão os estrangeiros não se sentiriam atraídos e viriam atrás dos nossos "Jobs" (empregos em inglês).

Fica cada vez mais importante a melhoria do sistema educacional brasileiro, que é o caminho para que nosso país consiga se desenvolver e crescer economicamente. A recompensa por mais anos de estudo não é apenas da pessoa que estuda, o país inteiro ganha com esse maior preparo de sua população.

Texto de set/11

Sem café a produtividade cai

Temos comentado bastante sobre o café e a sua presença no dia a dia dos brasileiros, inclusive com números sobre seu consumo no país.

Mas não é apenas no Brasil que o café é uma bebida apreciada e bastante consumida, em outros países ela também se destaca. NosEstados Unidos foram pesquisados mais de 3600 profissionais de diversas áreas sobre a importância desta bebida para a produtividade das pessoas.

Para 32% dos profissionais americanos o café está presente no dia de trabalho, sendo que 43% destes avaliam que seriam menos produtivos sem o café.

Entre os jovens de 18 a 24 anos, para 40% a bebida é importante para a concentração nas tarefas profissionais, sendo que 24% destes compram café como uma forma de recompensa pelo trabalho bem feito.

Nos Estados Unidos na lista dos profissionais onde o café é fundamental nos seus dias estão, entre outros, os arquitetos, engenheiros, designers, professores, cientistas, médicos, enfermeiros, publicitários e relações públicas.

No Brasil a bebida está presente em 79% do consumo da população, à frente inclusive do arroz e do feijão, sendo inclusive fonte de saúde, também analisado por aqui.

Apesar da pesquisa do IBGE ter levantado que 10% do consumo do café é feito fora de casa, acredito que muitos profissionais tomam o seu cafezinho enquanto trabalham, com números que devem ser até superiores aos desta pesquisa feita nos Estados Unidos.

Texto de set/11

De casa ao trabalho

Sair de casa em direção ao trabalho é a rotina diária para a grande maioria dos brasileiros, mas que para 24% de nós este trajeto leva mais de uma hora por dia para ser feito.

Essa é a conclusão duma pesquisa encomendada pela CNI ao Ibope sobre os meios de locomoção dos trabalhadores na sua jornada diária. Se o município tiver mais de 100 mil habitantes a proporção dos que gastam mais de uma hora por dia ao irem trabalhar sobe a 32%.

A IBM já tinha feito uma pesquisa, analisada aqui, onde o tempo gasto no trajeto casa-trabalho está cada vez mais difícil e cansativo.

Quem enfrenta diretamente o trânsito, usando automóvel da família, representa 16% dos trabalhadores, enquanto 24% vão a pé, e 61% utilizam o transporte coletivo.

Já vimos no Pesquisas e Números os meios de locomoção e suas respectivas vantagens e desvantagens do seu uso no trajeto de casa ao trabalho. O tempo para esta locomoção é o principal fator que pesa na hora de escolher como o trabalhador vai ao trabalho, conforme essa pesquisa do Ibope verificou.

O fato de cada vez mais empresas e pessoas optarem por trabalharem em casa vai melhorar, além da produtividade das pessoas e das empresas, o trânsito das cidades, já que essa hora que é jogada fora no trânsito pode ser compensada em casa com conforto e até mesmo trocada por uma hora de trabalho, produzindo mais.

Texto de out/11

Quanto stress no trabalho

Para saber quais profissões, entre 200 pesquisadas, geram mais stress nos profissionais, o site de empregos americano CareerCast divulgou os resultados das 10 mais estressantes naquele país.

O topo do ranking é ocupado pelos pilotos de avião comercial, depois seguem Relações Públicas, Executivo Sênior de empresas, Fotojornalista, Repórter, Executivo de contas em agências de comunicação, Arquiteto, Corretor de Valores, Técnico de Emergência Médica e completando a relação dos 10 mais estressantes está o Corretor de Imóveis.

Pelas características das profissões acredito que se fosse realizada pesquisa semelhante no Brasil os resultados seriam os mesmos, pelo menos 8 das 10 citadas estariam na mesma lista.

Já vimos que o empreendedor, também em pesquisa americana, sente os efeitos do stress na sua rotina diária, tanto que uma boa porcentagem (30%) prefeririam ter mais tempo livre do que mais dinheiro em sua conta bancária.

O stress pode acompanhar a rotina de diversos profissionais, às vezes acompanhando um bom rendimento, bons ganhos em termos salariais, mas nem sempre vale a pena, o melhor é encontrar um ponto de equilíbrio, uma profissão que pague um rendimento onde o stress não incomode e nem traga futuros problemas de saúde.

Texto de nov/11

A importância da boa aparência

Sempre ouvimos falar que o que importa é a beleza interior das pessoas, será que isso é verdade?

Pesquisas em universidades britânicas, americanas e canadenses mostram que a aparência conta pontos positivos na vida das pessoas.

Já vimos aqui que existe a economia antropométrica, que explica, por exemplo, a relação do crime com a altura das pessoas nos Estados Unidos, onde quem tem estatura mais baixa tem mais condenações por crimes que as mais altas. Nessa mesma matéria havia conclusões que os funcionários considerados bonitos ganham 5% a mais que os normais e que a obesidade representa menos renda para as mulheres brancas americanas.

A socióloga inglesa e professora da London School of Economics Catherine Hakim criou o conceito de capital erótico, que soma à beleza física o charme, a desenvoltura, a sensualidade e a elegância. Para a inglesa os homens com elevado capital erótico ganham de 14 a 27% a mais que os outros, nos Estados Unidos e Canadá, enquanto para as mulheres de alto capital erótico a diferença é de 12 a 20% a mais que as normais.

Já o economista americano Daniel Hamermesh analisa os efeitos da beleza facial, onde o profissional de ótima aparência deve ganhar, em média, nos Estados Unidos, U$230 mil a mais do que os normais, em toda sua carreira.

Como saber se estamos dentro da faixa da população com boa aparência, sem precisar fazer essa pergunta ao espelho, espelho meu?

Há fórmulas matemáticas, que já vimos por aqui também, para conhecer o rosto feminino e também o bumbum perfeito.

Mas se mesmo depois dessas contas todas não nos enquadrarmos nesse perfil, há toda uma indústria da beleza para dar uma mãozinha na aparência, mas aí é capaz de gastarmos todo esse dinheiro extra que ganharíamos pela boa aparência, deixando as contas zeradas novamente.

Texto de fev/12

Quanto trabalho

Quanto tempo você dedica ao seu trabalho todos os dias?

Por lei imagina-se que sejam 8 horas diárias, se você trabalha no Brasil.

Mas não é o que uma pesquisa feita pela Regus em 85 países com 12 mil pessoas, sendo 500 no Brasil, constatou. Esta pesquisa verificou que 38% dos trabalhadores no mundo passam cerca de 10 horas por dia no batente, e 10% mais de 11 horas. O brasileiro trabalha ainda mais, 17% passam mais de 11 horas por dia no trabalho, e 43% entre 9 e 11 horas, fazendo com que 60% dos brasileiros passem mais do que as 8 horas diárias que está escrito na lei.

Isto sem considerar o trânsito nas grandes cidades que soma mais algum tempo ao que é dedicado às atividades profissionais, que já vimos aqui.

Além disso, ainda há pessoas que levam trabalho para casa, 46% dos brasileiros fazem isso pelo menos 3 vezes por semana, superior à média global de 43%. Mas os que mais levam trabalhos para casa são os sul-africanos, americanos e holandeses.

A maioria dos brasileiros passa pelo menos 9 horas no trabalho, soma-se pelo menos mais uma hora de deslocamento diário, e ainda mais uma hora, no mínimo, em intervalo de almoço, com isso chegamos ao mínimo de 11 horas dedicadas à vida profissional. O tempo ideal de sono é de 8 horas. Sobram no máximo 5 horas para o trabalhador brasileiro dedicar para si mesmo no seu dia, estes números não são saudáveis, a qualidade de vida fica prejudicada.

E se o trabalho for em casa?

Trabalhar em casa diminui o tempo e stress gasto com trânsito, além de ser mais produtivo, conforme analisamos no Pesquisas eNúmeros. Mas o índice de trabalhadores "caseiros" que dedicam mais de 11 horas diárias à sua vida profissional sobe a 14% no mundo, enquanto no Brasil vai a 20%. Mas mesmo assim esses trabalhadores acabam tendo mais tempo para poderem dedicar a si mesmos, a ter melhor qualidade de vida, trabalham de forma mais confortável em suas casas.

Já que as pessoas estão trabalhando cada vez mais horas do dia, que estas horas a mais possam ser compensadas por menos tempo e stress gasto no trânsito com os postos de trabalho sendo nas casas desses trabalhadores, que pode ser mais produtivo para a própria empresa, como já analisamos por aqui.

Texto de mar/12

O trabalho nos dias de hoje

Como temos comentado no blog, o trabalho está se modificando, cada vez mais o trabalho braçal resume-se a digitar e clicar no mouse, prevalecendo o lado intelectual das pessoas no desempenho de suas profissões.

Uma pesquisa realizada com 102 trabalhadores pela psicóloga Sandi Mann, da britânica University of Central Lancashire, levanta questões referentes à motivação no trabalho.

Entre os resultados obtidos, 80% afirmam que o tédio os deixam desconcentrados, sendo que esse aborrecimento pode levar a erros em suas funções, prejudicando seu trabalho. Como estão desanimados, uma das soluções encontradas para levantar o astral é o happy-hour regado a bebida alcoólica, que não é saudável.

Outro estudo, feito duma parceria de pesquisadores da Universidade de Milão e o Instituto de Tecnologia de Massachusetts, concluiu que o facebook ajuda a relaxar, reduzindo os batimentos cardíacos e diminuindo o nível do stress. Os resultados mostram que a interação com outras pessoas, que é feito na rede social, traz efeitos positivos para a mente e corpo.

Juntando esses dois estudos, vemos que o trabalho, da maneira tradicional, tem trazido mais stress e tédio aos trabalhadores, inclusive prejudicando o bom desempenho de suas funções, enquanto a navegação no facebook é relaxante e desestressante. Portanto, a liberação do facebook no ambiente de trabalho não atrapalha o desempenho do trabalhador, mas ajuda a mantê-lo tranquilo para exercer as funções para qual está sendo pago.

Claro que as visitas às páginas do facebook não precisam durar o dia inteiro de trabalho, mas umas olhadas de vez em quando na página da Melito e do Pesquisas e Números no facebook, curtindo estas páginas, é até saudável.

Mais um ponto a favor do trabalho em casa, que como temos analisado por aqui, acaba trazendo mais benefícios que prejuízos, tanto ao trabalhador quanto a empresa, essas 2 pesquisas colaboram para essa direção como o futuro das relações de trabalho, e não está muito distante esse dia.

Texto de mar/12

Que mouse sujo

Você está lendo este texto com a mão no seu mouse?

Cuidado, você pode estar com sua mão em um objeto mais sujo até que um vaso sanitário.

Esse é um dos resultados de estudo realizado por pesquisadores do Initial Washroom Hygiene envolvendo 158 itens de 40 mesas de trabalho em alguns escritórios, que depois foram comparados com dados coletados de vasos sanitários em diversos edifícios.

Como muitas pessoas tem o costume de comerem diante do computador transformam essa área em um terreno fértil para as bactérias e os vermes, sem contar a gordura e os resíduos acumulados nas mãos. Tanto é que o segundo item mais sujo nos escritórios é o teclado, depois vem os telefones e as cadeiras.

Os mouses dos homens tem pelo menos 40% a mais de bactérias que os das mulheres. O mouse consegue ser duas vezes mais sujo que a descarga do banheiro, que tem mais bactérias e vermes que o próprio assento sanitário.

E agora, o que fazer para evitar bactérias de computador, que são piores que os vírus, podem afetar a saúde das pessoas?

Tentar diminuir a alimentação na frente do computador, lavar as mãos após as refeições e antes de começar a trabalhar e utilizar os kits de limpeza que já existem no mercado.

Texto de mar/12

O stress está diminuindo

Você concorda?

Não, calma, não se estresse por causa disso. Se você continua estressado você faz parte duma minoria, já que uma pesquisa feita pela consultoria Grant Thornton em 6 mil empresas em 40 países mostra que o nível de stress tem caído a nível mundial.

Para 19% dos entrevistados no Brasil o stress aumentou nos últimos 12 meses, mesmo assim estamos abaixo da média mundial, que foi de 28%. Em 2010 este índice era ainda maior, de 45%.

Os gregos, com toda a crise econômica que o país passa, estão no topo desta tabela, com 67%. A China, apesar de toda a pujança econômica, deixa seus trabalhadores estressados, 60% consideram o stress atual maior que o de 12 meses atrás, um sinal que tanto economias em recessão quanto as em franco crescimento podem sofrer com o stress. Em compensação os dinamarqueses estão tranquilos, apenas 6% disseram que seu stress aumentou no período.

As principais causas do stress nacional estão em conflitos internos na empresa (26%), pressão para atingir metas (25%) e a quantidade de informação a ser absorvida (22%).

O lazer com a família é a principal maneira de enfrentar o stress, para 72% dos entrevistados brasileiros, a prática de esportes responde por 61% da fuga do stress, enquanto 61% consideram importante manter um ritmo regular de trabalho uma forma de não se estressar.

Mas não é simples assim, vimos no Pesquisas e Números que o brasileiro passa mais tempo que deveria no trabalho, sem contar o trabalho que leva para casa, o trânsito nas grandes cidades que consome tempo e paciência, além das tarefas corriqueiras que tiram a concentração do trabalhador. Isto se a sua profissão não estiver entre as mais estressantes.

O stress acaba sendo o limite que as pessoas atingem quando sobrecarregam demais as suas relações de trabalho, por isso é importante, sempre que possível, equilibrar o tempo dedicado ao trabalho e as horas de lazer, que muitas vezes esse tempo de lazer ajuda a concentrar e produzir melhor no trabalho.

Texto de jun/12

Corrupção nas empresas privadas

Corrupção é a falta de honestidade das pessoas com a instituição que elas trabalham.

A primeira imagem que temos de corrupção diz respeito aos políticos, empresas publicas e ao governo, seja de esfera local, regional ou federal. Ja tratamos desse assunto por aqui em outra ocasião onde 80% dos habitantes de 86 países consideram seus políticos corruptos.

Mas a corrupção nas empresas privadas também existe. Vamos ver alguns resultados de pesquisa feita pela empresa de gestão de riscos Kroll em diversas empresas privadas em países desenvolvidos e emergentes, publicada na revista Época Negócios.

5 anos do Pesquisas e-Números - Empreendedorismo

Neste blog vimos que um número significativo das empresas brasileiras já passaram por problemas com crimes internos cometidos por seu corpo de funcionários.

Esta pesquisa da Kroll chegou a 54% de empresas que sofreram algum tipo de fraude em 2012 no Brasil. O número foi inferior a pesquisa realizada apenas no Brasil que comentamos no parágrafo acima. Estes 54% representaram 0,5% de perdas das receitas anuais das empresas. O conflito de interesses representou 23% desse total, roubos de bens 17% e roubo de informações respondeu por 14% dos tipos de fraudes cometidos nas empresas brasileiras.

E quais seriam os números de um pais que muitos usam como exemplo de empresas sérias, de funcionários comprometidos com seu trabalho, de honestidade, como os Estados Unidos?

Nos Estados Unidos 60% de suas empresas sofreram problemas com fraudes internas, sendo que 24% sofreram roubo de bens, 26% roubo de informações e 16% problemas com conflito de interesses. Estas fraudes custaram 1,1% das receitas anuais das empresas americanas em 2012.

Na Europa os números também são maiores que no Brasil, 63% das empresas sofreram com problemas internos em 2012, representando uma perda de 0,5% das receitas anuais das suas empresas. O roubo de bens representou 32%, e de informações 18% dos problemas internos.

A China, que é a maior fabricante do mundo, muita coisa hoje tem o selo "made in China", também sofreu com fraudes internas em 63% de suas empresas, representando perdas de suas receitas anuais de 0,8%, sendo 27% causadas por roubo de bens e 21% de informações.

A desonestidade, a falta de ética e respeito com as outras pessoas e instituições são problemas globais, não uma exclusividade brasileira, como muitos gostam de falar por ai.

Cabe a cada um de nós fazer a nossa parte contra isso, tendo atitudes corretas, evitando pagar uma cervejinha ao guarda que multa por estacionamento em local proibido, enfim não podemos oferecer nem aceitar qualquer tipo de pagamento ou vantagem indevida.

Texto de jul/12

Falta de qualificação

Quantas vezes você ouve falar que o estudante sai da escola, da faculdade ou onde for, sem estar preparado para o mercado de trabalho, que na prática a teoria é outra?

Quase todos os dias vemos esse tipo de comentário, mas a Consultoria McKinsey fez uma pesquisa entrevistando 8100 empregadores, educadores e profissionais recém formados em vários países do mundo para saber a visão deles sobre esse tema.

A demora para preencher vagas de emprego abertas que são colocadas na culpa da má qualificação profissional pelos empregadores chega a 53% na India, 45% nos Estados Unidos, 30% na Inglaterra enquanto no Brasil esse índice chega a 48%.

Na opinião dos próprios educadores, que formam esses profissionais,
a qualificação dos recém formados é suficiente para ingressar no mercado de trabalho, essa é a opinião de 87% dos educadores nos Estados Unidos, 83% na India, 61% na Inglaterra, enquanto no Brasil o valor é de 67%.

Reparamos nesses números que mesmo entre os educadores há a avaliação de que os estudantes saem dos bancos escolares sem a devida preparação profissional, esse fator não existe apenas nos países emergentes, como Brasil e India, mas até mesmo nos Estados Unidos há essa discrepância.

Essa diferença entre o que os educadores e os profissionais consideram como formação profissional adequada para os futuros trabalhadores é a que deve ser tratada para que haja uma comunicação maior entre a faculdade e a empresa, para que os bancos acadêmicos possam formar pessoas com as competencias que as empresas precisam, todos ganham com isso, o estudante, a empresa e a faculdade.

Texto de set/13

5 anos do Pesquisas e-Números - Empreendedorismo

Canal Executivo

Metade dos executivos não gostam dos seus cargos atuais

O Korn/Ferry Institute realizou uma pesquisa com 1.611 profissionais de mais de 70 países, representantes de vários segmentos industriais e diversos setores da economia para elaborar o Executive Quiz, publicado no Canal Executivo.

Nesta pesquisa 47% dos executivos estão desmotivados com sua atual posição na empresa, no Brasil este índice é de 42%.

A confiança no superior direto não existe em 31% dos casos, e 36% não confiam no seu CEO, o presidente da companhia.

O atual CEO com certeza é a pessoa indicada para exercer a função para 29% dos entrevistados. No caso dos executivos brasileiros a confiança no seu líder máximo é de 67%.

Ser o CEO de sua companhia é aspiração de 56% dos executivos, no Brasil este índice chega a 57%, enquanto 14% não buscam esse cargo.

Quando estudei marketing em Londres lembro bem duma frase numa aula sobre liderança e equipes que se encaixa nos resultados desta pesquisa: "toda pessoa alcança sempre um cargo acima de sua capacidade, e aí estaciona na carreira". Os profissionais estudam, se preparam para chegar a cargos de gerência, de chefia, mas quando chegam lá, não sabem como exercer a liderança para conquistar a confiança de sua equipe, que é fundamental para o bom desempenho da função e para a eficiência e produtividade da empresa.

O chefe que não consegue passar confiabilidade para sua equipe, temos o exemplo do futebol, quando um técnico não consegue fazer seu time ganhar jogos, troca-se de técnico (comum atualmente no futebol brasileiro), nos primeiros jogos a mesma equipe que não ganhava de ninguém começa a vencer seus jogos. O que mudou nesse caso? A motivação da equipe e a confiança dos comandados no seu novo chefe.

Confiança no chefe e motivação da equipe é fundamental para um bom trabalho em equipe, que traz como resultado o bom desempenho da empresa.

Texto de ago/09

Ser Empreendedor no Brasil, que tarefa difícil !

Foi divulgado o relatório "Doing Business - 2010" (Fazendo Negócios – 2010), pelo Bird (Banco Mundial), sobre as facilidades e dificuldades que as pessoas têm para abrir e administrar um negócio em 183 países analisados.

Este levantamento analisa itens como as exigências para abertura de um negócio, a legislação trabalhista, o registro de propriedade, os impostos, o comércio exterior, o fechamento de empresas e mais outros aspectos dessa natureza.

O Brasil é o 129º país mais fácil de realizar negócios, no levantamento anterior estávamos na 127ª posição.

O empreendedor brasileiro dedica 2600 horas por ano apenas para pagar impostos, somos o líder mundial nesse aspecto, na 2ª posição está Camarões, com 1400 horas e completando o pódio na 3ª colocação está a Bolívia, com 1080 horas. A média na América Latina é de 563,1 horas.

Considerando uma jornada de trabalho de 8 horas diárias, são 325 dias para pagar impostos. Com 52 domingos e 12 feriados por ano, o ano precisaria ter 389 dias para que o empresário trabalhe apenas para pagar os impostos. Outra opção é dividir as 2600 horas pelos 301 dias úteis de segunda a sábado, o que daria uma jornada diária de 8,6 horas de trabalho. Se cortarmos o sábado, 52 dias a menos, teremos uma jornada de 10,4 horas diárias, e mesmo assim para trabalhar apenas para conseguir pagar os impostos.

Abrir um negócio no Brasil leva em média 120 dias, exige 16 procedimentos burocráticos, (2 a menos que ano passado, já podemos considerar como uma melhora na situação), e custa 6,9% da renda per capita. A média na América Latina é de 45,5 dias para abertura de uma empresa, mais caro que no Brasil, pagando-se em média 35,6% da renda per capita.

Depois que vimos esses números temos uma certeza: a atividade empresarial não é para amadores, tem que ser muito persistente para empreender no Brasil. Ainda bem que o empreendedor brasileiro não desanima com todas as dificuldades e faz com que o Brasil seja um dos dez maiores PIBs do mundo.

O Empreendedor Brasileiro merece uma salva de palmas.

Texto de set/09

O e-contato do consumidor

Quando o produto, ou serviço, que você adquire tem algum problema, como vai tentar resolver essa questão?

Tem os SACs das empresas, emails, telefones, contatos pessoais, o site Reclame Aqui e o Procon.

Com as redes sociais surge nova maneira de botar a boca no trombone quando a empresa não te atende de forma satisfatória, basta falar mal da empresa, contando seu problema para todo mundo ficar sabendo que esta empresa não esta oferecendo bons produtos, ou serviços.

5 anos do Pesquisas e-Números - Empreendedorismo

A revista Época Negócios fez uma reportagem interessante sobre o consumidor ativista, onde 38% dos consumidores consideraram que a empresa em que estava reclamando faltou com o respeito com ele. Outras reclamações foram quanto ao atraso na entrega de produtos, mau atendimento do SAC e propaganda enganosa.

Mas tem um outro lado também, as empresas estão começando a se preocupar mais em atender as reclamações de seus consumidores, em 2003 o índice de soluções dos problemas levantados pelos consumidores era de 19%, foi subindo ano a ano, atingindo 74% em 2012.

Na própria revista é colocado um estudo de Harvard comprovando que, entre os clientes que saíram satisfeitos em seus contatos com as empresas, 23% falam positivamente destas empresas, enquanto entre os que estavam insatisfeitos 48% falam deste problema a pelo menos 10 pessoas, isso sem contar as publicações nas redes sociais e seu efeito multiplicador.

Do lado do consumidor tem cada vez mais garantias que os produtos que as empresas estão oferecendo serão satisfatórios, e que se não forem as chances da empresa corrigir o problema que existir são grandes, protegendo o consumidor.

Do lado da empresa as redes sociais são um bom canal de comunicação entre elas e seus consumidores. Se o cliente entra em contato para reclamar da empresa significa que ele oferece a empresa a chance dela melhorar e corrigir o problema, resta a empresa atender e melhorar este ponto. Vamos dar um exemplo: você vai numa pizzaria e a pizza vem fria, reclama para o garçom, que repassa a reclamação ao responsável pela pizzaria, que vai verificar o que acontece para que não saiam mais pizzas frias para serem servidas. A outra opção seria comer a pizza fria e não falar nada, e nunca mais aparecer nesse lugar. Ou seja, você reclamando da pizza fria faz com que a pizzaria saiba desse problema e possa resolver essa questão, se ninguém reclamar a pizzaria não saberia porque estaria perdendo clientes. Quem reclama não pode ser considerado como um cliente chato, mas alguém que quer que o produto, ou serviço, seja o melhor possível.

A relação cliente-empresa mudou com as redes sociais, está mais aberta e clara.

Texto de dez/13

Quanto Zettabyte solto por ai

Você tem idéia da quantidade de informação que é gerada e fica armazenada na internet?

Em 2013 vimos a quantidade de anúncios que o internauta brasileiro vê por mês, agora vamos imaginar a quantidade de informação que circula pela rede mundial.

Em 2011 foram criados 2 Zettabytes, número que passou para 3 em 2012, 5 em 2013, com previsão de 8 em 2015 e chega em 35 Zettabytes em 2020.

A primeira definição está no tamanho de um Zettabyte, que significa um trilhão de Gigabytes, onde um Gigabyte possui 1.000.000.000 bytes, 9 zeros depois do 1. Com isso, um trilhão de Gigabytes tem 1.000.000.000.000.000.000.000 bytes, 21 zeros. Um Zettabyte equivale a 250 bilhões de DVDs, 75 milhões de Ipads e 1 bilhão de PCs, apenas para temos alguns comparativos.

O grande desafio do profissional de hoje é de saber como utilizar essas informações, o que fazer com esse crescimento de Zettabytes que é criado no mundo. De nada adianta tanta informação sem saber o que fazer com elas.

Você pode buscar informações sobre potenciais clientes para sua empresa dentro destes Gigabytes. Por exemplo, para um restaurante captar novos clientes basta oferecer um "comemore seu aniversário conosco e jante de graça" entrando no facebook e vendo quem faz aniversário (o próprio gerenciador de anúncios do facebook oferece esta alternativa).

O primeiro passo é descobrir onde captar informações que sejam importantes para o seu negócio. Em reportagem publicada na revista Exame PME 66% das empresas já usam informações próprias da web, como características dos visitantes e cliques em suas páginas, 46% usam as mídias sociais, enquanto 54% pretendem usar informações vindas dessa fonte para tomar decisões estratégicas na empresa, desde a área de marketing até a de Recursos Humanos.

Depois que a informação é coletada o próximo passo é saber o que fazer, como analisar essa informação em prol da empresa. Nesse ponto começam os problemas, como a falta de profissionais especializados para desempenhar essa função, citado por 41% das empresas, além da demora para filtrar e validar as informações, com 39% de citações.

A informação é como qualquer matéria prima, tem que saber como coletar e usar para aproveitar o seu potencial, e dentro desses Zettabytes o poder de coleta e análise das informações ganha cada vez mais importância na estratégia de qualquer negócio.

Texto de abr/14

GEM - Global Entrepreneurship Monitor

O Empreendedor e seu papel no desenvolvimento econômico

Empreender, no dicionário significa realizar, tentar, pôr em execução alguma idéia. O empreendedorismo é o ato de empreender, no sentido econômico, realizar, colocar em prática alguma idéia para buscar melhorias econômicas.

A economia, para crescer e gerar mais empregos, precisa de mudanças no ciclo econômico. Se todos fazem a mesma coisa, compram os mesmos produtos e têm os mesmos hábitos por anos seguidos, a economia fica estagnada, não mexe, não cresce nem diminui, não se desenvolve.

O empreendedor coloca em ação alguma idéia, geralmente transformando-a num empreendimento novo, criando pelo menos um novo emprego, o seu próprio, e ampliando o número de empresas, oferecendo novas opções ao mercado.

O Brasil, através do IBQP (Instituto Brasileiro de Qualidade e Produtividade) participa do GEM (Global Entrepreneurship Monitor), onde é monitorado o nível de empreendedorismo entre a população brasileira. Os brasileiros são um povo empreendedor, estão sempre no primeiro terço dos países com população mais empreendedora entre todos os países analisados.

O Brasil é um país de população empreendedora, na pesquisa realizada em 2009 mantivemos nossa posição como um dos países com mais empreendedores do mundo. Isso é bom para o crescimento econômico do país.

Acompanhe aqui os resultados recentes sobre o empreendedorismo no Brasil, divulgados hoje.

Texto de abr/10

A mulher brasileira empreendedora

Em 2010 a equipe brasileira do GEM participou com um artigo científico dum Workshop internacional, sobre os desafios da Mulher Empreendedora no mundo. Este workshop foi realizado na Espanha, em Cadiz. A equipe nacional, toda pertencente ao IBQP, foi formada por

Romeu Friedlaender Junior, Joana Paula Machado, Simara Greco e Ariane Marcela Côrtes.

O título do trabalho foi: "Educação e empregabilidade da mulher no Brasil: realidade e perspectivas", mostrando e analisando números sobre a presença da mulher no mercado de trabalho, como empreendedora e ampliando a sua participação e importância na vida econômica de nosso país.

Clique aqui para conhecer mais sobre este trabalho.

Texto de mai/11

O empreendedor brasileiro

Esta semana foi lançada no Brasil a edição mais recente da pesquisa GEM, que é o principal estudo sobre o empreendedorismo no mundo. A coordenação da pesquisa é feita pelo IBQP, Instituto Brasileiro da Qualidade e Produtividade, desde que a pesquisa é realizada no Brasil, em 2000.

Os brasileiros confirmam sua vocação empreendedora, 17,5% da população adulta no país estava empreendendo em 2010. É o mais alto índice de atividade empreendedora que o país já alcançou. Entre os países do G20 e dos membros do BRICS é o que tem a maior taxa.

É através do empreendedorismo que os países podem crescer e se desenvolver, pois os principais geradores de emprego são os empreendedores.

No caso do Brasil, os 17,5% representam 21,1 milhões de pessoas à frente de atividades empreendedoras em 2010, sendo que 4,6 milhões destes empreendedores estimam gerar pelo menos 6 novos postos de trabalho nos próximos anos graças aos seus negócios.

Parabéns ao empreendedor brasileiro, que continue com esse espírito seguindo sua vocação empreendedora, o país agradece.

Texto de abr/11

Conclusão

Nesses 5 anos do Pesquisas e Números tratamos de diversos assuntos, analisamos muitos números, estatísticas e pesquisas das mais diversas fontes e origens, cruzando informações de uma fonte com outra, para comparar e complementar informações e trazer ao leitor uma forma de "ler" os números que possa simplificar e facilitar a sua compreensão.

Apesar da dinâmica que temos no nosso dia a dia, com a evolução e multiplicidade de informações que circula na internet a cada instante, a maioria dos textos que colocamos no blog, e reproduzimos nesse livro, continuam atuais, não perderam a sua validade, podem ser utilizados como fonte de informação e conhecimento, não se perdendo com o tempo.

Isso mostra que a informação se acumula, o conhecimento aumenta e deve ser arquivado, seja na nossa memória, na nossa mente, seja em arquivos .doc, ou .pdf em nossos hardwares, que alguma hora vai ser importante pesquisarmos esses arquivos para utilizarmos no futuro.

5 anos do Pesquisas e-Números - Empreendedorismo

Vamos continuar nessa mesma linha no Pesquisas e-números, rumo aos próximos textos, às próximas análises de pesquisas, e-números e estatísticas que surgirem por aí.

Até lá!!!

O Autor

Romeu Friedlaender Junior é formado em economia pela Universidade Federal do Paraná, com cursos de Management Information in Marketing and Sales certificado pelo Chartered Institute of Marketing, em Londres, Grã Bretanha.

Morou em Londres nos anos de 1997, 1998 e 2002.

Dirigiu por anos a área de planejamento do Instituto Paraná de Pesquisas de Opinião e Análise de Consumidor, empresa privada especializada em pesquisas de opinião e análise de mercado.

Escreve desde 2009 no blog Pesquisas e Números, analisando pesquisas e números que a mídia divulga constantemente.

Foi professor universitário ministrando aulas das disciplinas de Economia, História do Pensamento Econômico e Análise de Pesquisa e Mercado.

Participou ativamente como membro da equipe brasileira da pesquisa GEM – Global Entrepreneurship Monitor, maior estudo constante sobre o empreendedorismo no mundo.

No comércio eletrônico tem experiência com a Melito, loja virtual com mais de 4.000 produtos à venda e fundou o site TriClick, que reúne diversos produtos e serviços ao gosto do neoconsumidor.

É autor de outros livros e publicações, mostrado no próximo capítulo.

Outras obras do autor

- Relato duma Viagem – Índia, Cingapura, Austrália e China, pelo Clube de Autores em 2009

- O homem, sujeito do trabalho e suas relações no sistema econômico, pelo Clube de Autores em 2011

- Empreendedorismo no Brasil 2009, em parceria com outros autores, pelo IBQP (Instituto Brasileiro da Qualidade e Produtividade)

- Empreendedorismo no Brasil 2010, em parceria com outros autores, pelo IBQP (Instituto Brasileiro da Qualidade e Produtividade)

- Empreendedorismo no Brasil 2011, em parceria com outros autores, pelo IBQP (Instituto Brasileiro da Qualidade e Produtividade)

- Emprender desde la pequeña y mediana empresa: Nueve casos de éxito de emprendedores latinoamericanos, em parceria com outros autores escreveu sobre o caso brasileiro, pela FUNDES(Chile), em 2011

- GEM 2010 Education and employability of women in Brazil – reality and perspectives, em parceria com outros autores, em Cadiz na Espanha, 2010

- 2010 Report: Women Entrepreneurs Monitor, Babson College (EUA) em parceria com outros autores escreveu sobre o caso brasileiro, em 2011

- Comércio Eletrônico, Desvendando o seu Funcionamento, pelo Clube de Autores em 2013

- Copa do Mundo Tô fora do Brasil para assistir, pelo Clube de Autores em 2013

Sites que aparecem neste livro:

www.abic.com.br
www.abimaq.org.br
www.abrasel.com.br
www.accenture.com
www.acsp.com.br
www.amanha.com.br
www.amazon.com
www.americanmoustacheinstitute.org
www.aneel.gov.br
www.anefac.com.br
www.bemparana.com.br
www.bitly.com
www.blog.hubspot.com
www.burson.com.br
www.caminhandojunto.blogspot.com
www.clorin.com.br
www.clubedeautores.com.br
www.cni.org.br
www.crasp.gov.br
www.cultura.gov.br
www.cursodeecommerce.com.br
www.datapopular.com.br
www.debenhams.com
www.denatran.gov.br
www.dieese.org.br
www.duke.edu
www.e.life.com.br
www.e-commercefacts.com
www.ecommercenews.com.br
www.economist.com

5 anos do Pesquisas e-Números - Empreendedorismo

www.eletros.org.br
www.elogia.net/pt
www.epocanegocios.com.br
www.estadao.com.br
www.exame.com.br
www.exame.com.br/revista-exame-pme
www.facebook.com
www.fantastico.globo.com
www.fazenda.gov.br
www.fbits.com.br
www.felicidadeinternabruta.blogspot.com
www.fiesp.org.br
www.forbes.com
www.forgas.socialpsychology.org
www.g1.globo.com
www.gazetadopovo.com.br
www.gemconsortium.org
www.gpadrao.com.br
www.gsmd.com.br
www.ibge.gov.br
www.ibope.com.br
www.ibqp.org.br
www.ldgnow.uol.com.br
www.idv.org.br
www.inovacaomarketing.com
www.institutoanalise.com
www.institutoanalise.com
www.journals.uchicago.edu
www.kimod.com
www.latinpanel.com.br
www.leeds.ac.uk
www.mailermailer.com
www.maximbrasil.uol.com.br
www.mdemulher.abril.com.br

www.melito.com.br
www.mktmais.com
www.neoconsumidor.com.br
www.nosdacomunicacao.com.br
www.observatoriodegenero.gov.br
www.operdigueiro.blogspot.com
www.papodeempreendedor.com.br
www.parana-online.com.br
www.paranapesquisas.com.br
www.People-press.org
www.pesquisasenumeros.com
www.pinterest.com
www.plantaoonline.com
www.pnud.org.br
www.portalexameabril.com.br
www.quatromarcos.ind.br
www.rb.com/br
www.reclameaqui.com.br
www.revistaalfa.com.br
www.revistaepoca.globo.com
www.revistapegn.globo.com
www.secom.gov.br
www.shopperexperience.com.br
www.sindilav.com.br
www.socialtag.com.br
www.sospesquisaerorschach.com.br
www.tau.ac.il
www.techtudo.com.br
www.telegraph.co.uk
www.terra.com.br
www.testedascervejas.com.br
www.triclick.com.br
www.turismo.gov.br
www.Twitter.com

www.unwomen.org
www.uol.com.br
www.veja.abril.com.br
www.youtube.com
www.zaytecbrasil.com.br
www.zerohora.clicrbs.com.br

Como o próprio blog mudou de nome, de www.romeufriedlaenderjr.blogspot.com para www.pesquisasenumeros.com, muitos dos sites acima podem ter alterado seus domínios nesses 5 anos, por isso peço desculpas se algum link não existir mais, estar desatualizado.

www.ingramcontent.com/pod-product-compliance
Lightning Source LLC
Chambersburg PA
CBHW051718170526
45167CB00002B/705